计算机科学与技术专业核心教材体系建设 —— 建议使用时间

课程系列	基础系列	电类系列	程序系列	系统系列	应用系列	选修系列
一年级上	大学计算机基础		计算机程序设计	计算机原理		
一年级下	离散数学(上) 信息安全导论	电子技术基础	面向对象程序设计 程序设计实践	操作系统		
二年级上	离散数学(下)	数字逻辑设计 数字逻辑设计实验		计算机系统综合实践	人工智能导论 数据库原理与技术 嵌入式系统	机器学习 物联网导论 大数据分析技术 数字图像技术
二年级下			数据结构			
三年级上			算法设计与分析	计算机网络		
三年级下			软件工程 编译原理	计算机体系结构	计算机图形学	
四年级上			软件工程综合实践			
四年级下						

U0359627

面向新工科专业建设计算机系列教材

信息检索与搜索引擎

微课版

闫琰 主编

班晓娟 刘煜豪 副主编

清华大学出版社

北京

内 容 简 介

为了让读者全面了解信息检索和搜索引擎的基本概念、原理和实现方法,以及相关的研究和应用领域,本书详细阐述了信息检索中的重要问题。

全书共分为3篇,涵盖信息检索和搜索引擎的各个方面:第1篇(第1~3章)为基础篇,介绍信息检索和搜索引擎的基本概念、原理以及信息采集、文本转换方法;第2篇(第4~6章)为技术篇,涵盖索引创建、用户交互、检索模型与搜索排序等关键技术;第3篇(第7章和第8章)为应用篇,讨论搜索引擎评价和链接分析,展示搜索引擎在不同领域的应用和发展趋势。全书提供了大量应用实例,每章后均附有习题。

通过对这些方面的讲解,读者可以了解信息检索和搜索引擎的相关技术和方法,掌握它们的实现和应用,为信息处理提供更好的解决方案。

图书在版编目(CIP)数据

信息检索与搜索引擎:微课版/闫琰主编.—北京:清华大学出版社,2024.4
面向新工科专业建设计算机系列教材
ISBN 978-7-302-66098-9

Ⅰ.①信… Ⅱ.①闫… Ⅲ.①信息检索-教材 ②搜索引擎-教材 Ⅳ.①G254.9

中国国家版本馆 CIP 数据核字(2024)第 072771 号

责任编辑:白立军 薛 阳
封面设计:刘 键
责任校对:韩天竹
责任印制:沈 露

出版发行:清华大学出版社
          网   址:https://www.tup.com.cn,https://www.wqxuetang.com
          地   址:北京清华大学学研大厦 A 座   邮   编:100084
          社 总 机:010-83470000   邮   购:010-62786544
          投稿与读者服务:010-62776969,c-service@tup.tsinghua.edu.cn
          质量反馈:010-62772015,zhiliang@tup.tsinghua.edu.cn
          课件下载:https://www.tup.com.cn,010-83470236
印 装 者:三河市龙大印装有限公司
经   销:全国新华书店
开   本:185mm×260mm   印   张:11.5   插   页:1   字   数:283 千字
版   次:2024 年 4 月第 1 版   印   次:2024 年 4 月第 1 次印刷
定   价:49.00 元

产品编号:101232-01

出版说明

一、系列教材背景

人类已经进入智能时代,云计算、大数据、物联网、人工智能、机器人、量子计算等是这个时代最重要的技术热点。为了适应和满足时代发展对人才培养的需要,2017年2月以来,教育部积极推进新工科建设,先后形成了"复旦共识""天大行动""北京指南",并发布了《教育部高等教育司关于开展新工科研究与实践的通知》《教育部办公厅关于推荐新工科研究与实践项目的通知》,全力探索形成领跑全球工程教育的中国模式、中国经验,助力高等教育强国建设。新工科有两个内涵:一是新的工科专业;二是传统工科专业的新需求。新工科建设将促进一批新专业的发展,这批新专业有的是依托于现有计算机类专业派生、扩展而成的,有的是多个专业有机整合而成的。由计算机类专业派生、扩展形成的新工科专业有计算机科学与技术、软件工程、网络工程、物联网工程、信息管理与信息系统、数据科学与大数据技术等。由计算机类学科交叉融合形成的新工科专业有网络空间安全、人工智能、机器人工程、数字媒体技术、智能科学与技术等。

在新工科建设的"九个一批"中,明确提出"建设一批体现产业和技术最新发展的新课程""建设一批产业急需的新兴工科专业"。新课程和新专业的持续建设,都需要以适应新工科教育的教材作为支撑。由于各个专业之间的课程相互交叉,但是又不能相互包含,所以在选题方向上,既考虑由计算机类专业派生、扩展形成的新工科专业的选题,又考虑由计算机类专业交叉融合形成的新工科专业的选题,特别是网络空间安全专业、智能科学与技术专业的选题。基于此,清华大学出版社计划出版"面向新工科专业建设计算机系列教材"。

二、教材定位

教材使用对象为"211工程"高校或同等水平及以上高校计算机类专业及相关专业学生。

三、教材编写原则

(1) 借鉴 *Computer Science Curricula* 2013(以下简称 CS2013)。CS2013 的核心知识领域包括算法与复杂度、体系结构与组织、计算科学、离散结构、图形学与可视化、人机交互、信息保障与安全、信息管理、智能系统、网络与通信、操作系统、基于平台的开发、并行与分布式计算、程序设计语言、软件开发基础、软件工程、系统基础、社会问题与专业实践等内容。

(2) 处理好理论与技能培养的关系,注重理论与实践相结合,加强对学生思维方式的训练和计算思维的培养。计算机专业学生能力的培养特别强调理论学习、计算思维培养和实践训练。本系列教材以"重视理论,加强计算思维培养,突出案例和实践应用"为主要目标。

(3) 为便于教学,在纸质教材的基础上,融合多种形式的教学辅助材料。每本教材可以有主教材、教师用书、习题解答、实验指导等。特别是在数字资源建设方面,可以结合当前出版融合的趋势,做好立体化教材建设,可考虑加上微课、微视频、二维码、MOOC 等扩展资源。

四、教材特点

1. 满足新工科专业建设的需要

系列教材涵盖计算机科学与技术、软件工程、物联网工程、数据科学与大数据技术、网络空间安全、人工智能等专业的课程。

2. 案例体现传统工科专业的新需求

编写时,以案例驱动,任务引导,特别是有一些新应用场景的案例。

3. 循序渐进,内容全面

讲解基础知识和实用案例时,由简单到复杂,循序渐进,系统讲解。

4. 资源丰富,立体化建设

除了教学课件外,还可以提供教学大纲、教学计划、微视频等扩展资源,以方便教学。

五、优先出版

1. 精品课程配套教材

主要包括国家级或省级的精品课程和精品资源共享课的配套教材。

2. 传统优秀改版教材

对于已经出版、得到市场认可的优秀教材,由于新技术的发展,计划给图书配上新的教学形式、教学资源的改版教材。

3. 前沿技术与热点教材

反映计算机前沿和当前热点的相关教材，例如云计算、大数据、人工智能、物联网、网络空间安全等方面的教材。

六、联系方式

联系人：白立军

联系电话：010-83470179

联系和投稿邮箱：bailj@tup.tsinghua.edu.cn

面向新工科专业建设计算机系列教材编委会

2019 年 6 月

FOREWORD

前言

在信息时代,信息的处理和管理成为人们日常工作和生活中不可或缺的部分。尤其是人工智能背景下,信息检索和搜索引擎成为人们获取和处理信息的主要手段之一。本书旨在介绍信息检索和搜索引擎的相关技术和方法,帮助读者全面了解信息检索和搜索引擎的基本概念、原理与实现方法,以及相关的研究和应用领域。

本书共分为 8 章,内容涵盖了信息检索和搜索引擎的各个方面,包括信息采集、文本转换、索引创建、用户交互、检索模型与搜索排序、搜索引擎评价和链接分析等。第 1 章介绍了信息检索和搜索引擎的基本概念、发展历程以及应用场景。第 2 章涵盖了信息采集的基本方法和技巧,包括爬虫流程、爬取策略、存储文档等方面的内容。第 3 章介绍了文本转换的基本方法和技术,包括文本表示、停用词去除、词干提取等。第 4 章讲述了索引创建的基本方法和技术,包括倒排索引、索引更新策略等。第 5 章介绍了用户交互的基本方法和技术,包括查询扩展、查询推荐、结果呈现等。第 6 章讲述了检索模型与搜索排序的基本方法和技术,包括向量空间模型、概率检索模型、机器学习排序模型等。第 7 章介绍了搜索引擎评价的基本方法和技术,包括相关性评价、检索效果评估等。第 8 章讲述了链接分析的基本方法和技术,包括 PageRank 算法、HITS 算法等。

本书结合了编者团队丰富的教学和实践经验,充分结合信息处理与搜索引擎知识点的特点,分为索引构建和查询处理两大组件详细介绍其功能结构。本书由闫琰担任主编,班晓娟、刘煜豪担任副主编。其中,第 2～4 章由曹欣参与编写,第 5～8 章由闵鹏浩参与编写。

信息处理
与搜索引
擎课程
简介

本书旨在为读者提供全面而深入的信息检索和搜索引擎方面的知识,帮助读者掌握相关的技术和应用。我们相信,本书将成为信息检索和搜索引擎领域的重要参考书,也希望读者在学习本教材的过程中能够获得满意的收获。

在本书的编写过程中参考了国内外相关的文献资料,在此对文献的作者们表示衷心的感谢。由于编者的水平有限,书中难免存在疏漏和不足之处,恳请专家、同仁以及读者批评指正。

编 者
2024 年 1 月

CONTENTS

目录

第 1 章

信息检索和搜索引擎

本章学习目标

- 掌握信息检索和搜索引擎架构的知识。
- 熟悉搜索引擎组件及其功能。
- 了解开源搜索引擎以及面对的挑战。

近几年来,随着互联网的飞速发展,网络上的信息资源数量呈现爆炸性的增长趋势。人们越来越依赖搜索引擎获取有用的信息,但是搜索引擎给用户带来便利的同时也带来了困扰,即如何快捷、准确、全面地从海量的信息中找到用户需要的信息。在这种背景下,信息检索相关技术快速发展起来。

◆ 1.1 什么是信息检索

信息检索与搜索引擎的基本概念

信息检索(Information Retrieval)是指信息按一定的方式组织起来,并根据用户的需要找出有关信息的过程和技术。搜索引擎是信息检索技术在大规模文本集合上的应用,是用户获取信息的工具,对互联网信息资源进行搜集、整合并处理,为用户提供大量查询服务,并将检索结果返回给用户的系统。目前通用的搜索引擎,如 Google、Yahoo、Baidu 等,这些工具覆盖的领域比较宽泛,信息比较全面。

Gerard Salton 是信息检索领域的先驱,著名的实验性系统 SMART(文本的机器分析和检索系统)的创建者,也是 20 世纪 60—90 年代信息检索领域的领袖人物之一。他在经典教科书中,给信息检索做出了如下定义:信息检索是关于信息的结构、分析、组织、存储、搜索和检索的领域。

1.1.1 Web 搜索

Web 信息检索是指信息按照 WWW 的模式组织和存储起来,并根据用户的需要从文档集中找出与信息需求相匹配的文档子集的过程。在 Web 搜索过程中,用户通常使用搜索引擎来执行查询操作,搜索引擎会对已索引的网页进行搜索,并将与用户查询最相关的结果呈现给用户。

为了有效地执行 Web 搜索,搜索引擎需要执行以下步骤,图 1-1 是 Web 搜索基本流程。

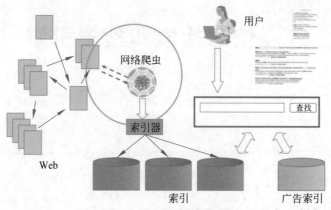

图 1-1   Web 搜索基本流程

(1) 网页抓取:搜索引擎需要从 Web 上抓取尽可能多的网页,并将其存储到自己的数据库中。这通常通过网络爬虫程序实现。

(2) 网页索引:搜索引擎需要对已抓取的网页进行索引,以便可以快速地找到与用户查询相匹配的网页。索引通常包括词项列表和反向索引。

(3) 查询处理:当用户输入查询时,搜索引擎需要将查询解析成词项,并使用相应的算法和数据结构来确定与查询最相关的网页。

(4) 结果呈现:搜索引擎需要将与用户查询最相关的网页呈现给用户,并使用相关性评分来确定结果的排名。

Web 信息检索是一个复杂而又重要的过程,它可以帮助用户快速、准确地找到与自己信息需求相匹配的网页,并为人们提供了无限的信息资源。

1.1.2   其他搜索应用

除了媒体多种多样以外,信息检索还包括一系列任务和应用。通常的搜索情景是:用户向搜索引擎输入一个查询,并从一个经过排序的文档列表中得到答案。在 Web 上进行的搜索是信息检索最常见的应用,在企业、政府和其他许多应用领域中搜索也扮演着重要的角色。垂直搜索引擎是有针对性地为某一特定领域、某一特定人群或某一特定需求提供专门的信息检索服务,并通过采用与之相应的标引、索引语言及分类体系,对网站(页)库中的某类专门信息进行深度挖掘与整合,满足用户"专门的"信息查询需求。

企业搜索是从散布在企业内部网中的大量计算机文件中寻找所需的信息。网页当然是分布式信息存储的一部分,但大多数信息将在邮件、报告、数据表以及企业的结构化数据库中得到。

桌面搜索是企业搜索的个人版,信息源是存储在一台个人计算机中的文件集合,包括网页浏览器历史、电子邮件档案、字处理器文档等。桌面搜索引擎提供对存储在本地硬盘甚至内部网络上的其他硬盘内的文件进行搜索和浏览。与 Web 搜索引擎相比,桌面搜索强调的是挖掘用户个人计算机上全部可用信息。将搜索引入桌面,一方面方便用户的搜索工作,另一方面在搜索结果中整合进本地信息,方便用户实现搜索时外部信息与本地信息的统一管理利用。使用方法主要是预先记忆硬盘的内容,例如,预先扫描硬盘上的E-mail、缓存中的网页、电子表格等文件,把里面的内容编译成索引,以方便用户进行搜索的时候快速得到结果。

P2P(Peer-to-Peer)搜索是在结点机或计算机构成的网络中搜寻信息,但没有任何集中式的控制。

人们采用搜索和相关的信息检索技术发布广告,做智能分析、科学发现、卫生保健、客服支持和房地产投资等。任何包含文本集合的应用或其他非结构化的信息,都需要进行组织和搜索。

1.1.3　其他信息检索应用

搜索是信息检索领域的中心任务,但信息检索还涵盖了存储、处理和检索人类语言数据等各种相互关联的问题。

特殊搜索基于用户案例顶级属性能够快速完成一次性搜索,简化了搜索筛选标准,适用于所有的搜索条件。特殊搜索也可以被作为参数化搜索,可以使用同一个案例属性但是选择不同的筛选标准,能够检索到任意属性。

文本聚类和分类系统根据共有属性将文档分组。分类是将一篇文章或文本自动识别出来,按照已经定义好的类别进行匹配、确定。聚类是将一组文章或文本信息进行相似性的比较,将比较相似的文章或文本信息归为同一组。其区别是,分类是事先定义好类别,类别数不变,分类器需要由人工标注的分类训练语料训练得到。而聚类没有事先预定的类别,类别数不确定,聚类不需要人工标注和预先训练分类器,类别在聚类过程中自动生成。

问答系统是信息检索的另一个简单的应用。问答系统与搜索很相似,但它的目标是处理更特殊的问题,例如,用户查询 2008 年北京奥运会的举办时间。问答系统的目标是从文本中发现明确的答案,而不是一个文档列表。

过滤是一个根据某些长期信息需求而持续进行的对文档评价的过程。一般来说,过滤的结果是根据信息需求将文档放入 0 个或多个目的地。例如,垃圾邮件过滤器把垃圾邮件直接删除或放到垃圾箱里,同时将正常邮件放到收件箱里。

页面描述/摘要是为检索和排序完成的网页列表提供相应的描述和摘要。

多媒体信息检索是根据用户的要求,对图形、图像、文本、声音、动画等多媒体信息进行检索,得到用户所需的信息。多媒体信息检索系统有着广阔的应用前景,它将广泛用于远程教学、远程医疗、金融市场等方面。

◆ 1.2　搜索引擎架构

1.2.1　搜索引擎

搜索引擎拥有抓取、存储网站页面的功能,具有庞大精准的数据库,可以对用户的搜索提供网页排名的一套复杂系统。信息检索,是关于信息的结构、分析、存储、搜索和检索的领域。"搜索"＝"信息检索"？这是人们通俗的说法,但并不正确。信息检索领域非常大,而搜索引擎只是信息检索技术在大规模文本集合上的实际应用。也就是说,信息检索包括搜索引擎。

搜索引擎出现很多年了,例如,MEDLINE 系统是在线医学文献搜索系统,从 20 世纪 70 年代开始兴起。"搜索引擎"一词原来是指为文本搜索服务的特殊硬件。从 20 世纪 80 年代中期开始,在描述用来比较查询和文档并生成文档排序结果的软件系统时,逐渐更多地使用"搜索引擎"一词,而不是"信息检索系统"。

搜索引擎设计中的重要问题包括信息检索已经确定的各种问题:有效的排名算法,评价和用户交互。然而,搜索引擎的许多其他关键特性是由于它们在大规模操作环境中的部署而产生的。这些功能中最重要的是搜索引擎在响应时间、查询吞吐量和索引速度等方面的性能。响应时间是提交查询和接收结果列表之间的延迟,吞吐量测量在给定时间内可以处理的查询数,索引速度是文本文档可以转换为搜索索引的速率。索引是一种提高搜索速度的数据结构,构建索引是本书的一个重点,将在索引建立章节介绍。

另一个重要的性能指标是新增数据合并到索引中的速度。搜索应用程序通常处理动态、不断变化的信息(动态索引)。覆盖率衡量现有信息或文档有多少被索引和存储在搜索引擎中,新近性或时新性衡量存储信息的"年龄"。

图 1-2 总结了搜索引擎设计中涉及的主要问题。

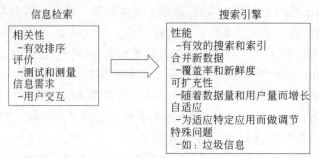

图 1-2　搜索引擎设计及核心信息检索问题

1.2.2　基本的构件

搜索引擎的构件主要提供两种功能:索引处理和查询处理。索引处理的功能是理解搜索器所搜索的信息,从中抽取出检索项,用于表示文档以及生成文档的索引表。搜索器也叫网络蜘蛛,是搜索引擎用来爬行和抓取网页的一个自动程序,在系统后台不停歇地在互联网各个结点爬行,在爬行过程中尽可能快地发现和抓取网页。查询处理的功能是根据用户的查询在检索库中快速查找出文档,进行文档与查询的相关度评价,对将要输出的结果进行排序,并实现某种用户相关反馈机制。

图 1-3 是构成索引处理的高级"构件"。这些主要的构件包括文本采集、文本转换和索引创建。

文本采集构件用于发现文档,并且使这些文档能够被搜索到。尽管有时候可以采用已有的文档集合,但还是有一些信息源需要通过网络爬虫下载,如互联网、企业内部网、桌

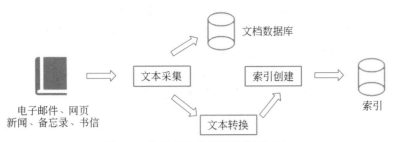

图 1-3　构成索引处理的高级"构件"

面或者其他信息源,来建立这样一个文档集合。文本采集构件还需要创建一个文档数据库,包含文档的文本和元数据。元数据主要是描述数据属性的信息,包括存储位置、文件记录等,对数据及信息资源的描述性信息。

文本转换构件将文档转换为索引项,为创建索引服务。索引项是文档的一部分,存储在索引表中并用于搜索。索引项也被称为"词项",索引整个文档集合的所有词项集合,称为索引词表。

索引创建构件用于读取原始网页数据,解析网页,抽取有效字段,生成索引数据。索引数据的生成方式通常是增量的、分块/分片的,并会进行索引合并、优化和删除。生成的索引数据通常包括:字典数据、倒排表、正排表、文档属性等。生成的索引存储于索引服务器。倒排索引,每个索引项都含有一个列表,是目前为止搜索引擎使用最普遍的索引形式。

图 1-4 是构成查询处理的主要构件,包括用户交互、排序和评价。

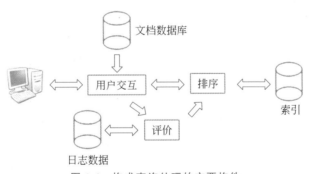

图 1-4　构成查询处理的主要构件

用户交互构件提供用户和搜索引擎之间的接口服务。主要用于分析用户查询并将它转换为索引项,生成结构化查询请求,指派到相应的类别、主题数据服务器进行查询。此外,基于搜索引擎得到一个排好序的文档列表,将它重新组织显示给用户,例如,生成概括文档的摘要。文档数据库是用于生成结果的一个信息源。在用户查询过程中,还有一些技术用于纠正和扩展用户查询,以便得到更好的用户反馈。

排序构件是搜索引擎系统的核心。基于文档和查询的相关性、文档的链接权重等属性,对检索器返回的文档列表进行排序。排序必须同时满足高效和高质量。因为短时间内要处理大量的用户查询,并且排序的质量决定着搜索引擎找到的文档是否与用户查询相关。排序的效率依赖于索引技术,而排序的质量依赖于所采用的检索模型。

评价构件用于评测和监测系统的效果和效率。其主要任务是利用日志数据记录和分析用户的行为,评价的结果用来调整和改善排序构件的性能。评价构件主要是一种离线计算,对于整个搜索引擎系统的研制和发展都是至关重要的。

◆ 1.3 搜索引擎构件及其功能

1.3.1 文本采集

1. 爬虫

随着网络的迅速发展,Web 成为大量信息的载体,如何有效提取并利用这些信息成为巨大的挑战。搜索引擎作为一个辅助检索信息的工具,成为用户访问 Web 的入口和指南。爬虫是一种按照一定的规则,自动地抓取 Web 信息的程序或者脚本,对于搜索引擎发现和抓取文档具有首要的责任。爬虫的种类很多,最普遍的是网页爬虫,按照系统结构和实现技术,大致分为以下几种类型:通用网络爬虫、聚焦网络爬虫、增量式网络爬虫和深层网络爬虫。

(1)通用网络爬虫,爬行对象从一些种子 URL 扩充到整个 Web,主要为门户站点搜索引擎和大型 Web 服务提供商采集数据。通用网络爬虫的结构大致可以分为页面爬行模块、页面分析模块、链接过滤模块、页面数据库、URL 队列、初始 URL 集合几部分。为提高工作效率,爬虫会采取一定的爬行策略。通用性的搜索引擎存在一定的局限性,例如,不同领域、不同背景的用户往往具有不同的检索目的和需求,但是通过搜索引擎返回的结果包含大量用户不关心的网页;Web 上的数据形式丰富多样,通用的搜索引擎对这些信息含量密集且具有一定结构的数据无能为力,并且大多只基于关键字检索,难以支持根据语义信息提出的查询。为了解决上述问题,定向抓取相关网页资源的聚焦网络爬虫应用而生。

(2)聚焦网络爬虫,又称主题网络爬虫,是指选择性地爬行那些与预先定义好的主题相关页面的网络爬虫。和通用网络爬虫相比,聚焦网络爬虫只需要爬行与主题相关的页面,极大地节省了硬件和网络资源,保存的页面也由于数量少而更新快。聚焦网络爬虫和通用网络爬虫相比,增加了链接评价模块以及内容评价模块。聚焦网络爬虫爬行策略实现的关键是评价页面内容和链接的重要性。

(3)增量式网络爬虫,是指对已下载网页采取增量式更新和只爬行新产生的或者已经发生变化网页的爬虫,它能够在一定程度上保证所爬行的页面是尽可能新的页面。这就涉及如何保证所抓取的页面是"时新的",对于网络爬虫的设计是一项极富挑战性的任务。

(4)深层网络爬虫,是针对那些大部分内容不能通过静态链接获取的、隐藏在搜索表单后的,只有用户提交一些关键词才能获得的 Web 页面。深层网络爬虫爬行过程中最重要的部分就是表单填写。

2. 信息流

文档流是用于访问实时文档流的机制。例如,新闻流是新闻故事和更新的源头。与必须发现新文档的爬虫相比,搜索引擎只需通过监视即可从信息流中获取新文档。RSS[①]是用于新闻、博客或视频等内容的网络订阅源的通用标准。RSS"阅读器"用于订阅使用XML 格式化的 RSS。阅读器监视这些源并在到达时提供新内容。广播和电视流也用于一些搜索应用中,其中,"文档"包含自动分段的音频和视频流,以及来自隐藏字幕或语音识别的相关文本。

3. 转换

由爬虫发现的文档很少以纯文本形式提供。它们有各种格式,如 HTML、XML、PDF、Word、PPT 等。大多数搜索引擎要求将这些文档转换为一致的文本和元数据格式。在转换过程中,与特定格式相关联的控制序列和非内容数据被移除或记录为元数据。对于 HTML 和 XML,此过程的大部分内容可以描述为文本转换组件的一部分。对于其他格式,转换过程是准备文档以进行进一步处理的基本步骤。例如,PDF 文档必须转换为文本。可以使用各种实用程序来执行此转换,具有不同程度的准确性。同样,可以使用实用程序将各种 Microsoft Office 格式转换为文本。

另一个常见的转换问题来自文本在文档中的编码方式。ASCII[②] 是用于文本的通用标准单字节字符编码方案。ASCII 使用 7 位或 8 位(扩展 ASCII)来表示 128 个或 256 个可能的字符。但是,某些语言(例如中文)比英语有更多的字符,并使用许多其他编码方案。Unicode 是一种标准编码方案,它通常使用 16 位来表示世界上大多数语言。任何处理不同语言文档的应用程序都必须确保在进一步处理之前将它们转换为一致的编码方案。

4. 文档数据存储

文档数据存储是用于管理大量文档以及与之关联的结构化数据的数据库。电子文档内容通常以压缩形式存储以提高效率。结构化数据由文档元数据和从文档中提取的其他信息组成,例如,链接和锚文本(与链接相关联的文本)。关系数据库系统可用于存储文档和元数据。但是,某些应用程序使用更简单、更高效的存储系统来为非常大的文档存储提供非常快速的检索。

尽管原始文档可在 Web 上获得,但在企业数据库中,文档数据存储对于一系列搜索引擎组件的文档内容的快速访问是必要的。如果搜索引擎必须访问原始文档并重新处理它们,那么检索将花费太长时间。

---

① RSS(Really Simple Syndication)基于 XML 的标准,搭建了信息迅速传播的一个技术平台。

② ASCII (American Standard Code for Information Interchange),即美国信息交换标准码。

1.3.2　文本转换

1. 解析器

解析组件负责处理文档中的文本词素序列,以识别诸如标题、图形、链接和新闻头条之类的结构元素。在许多情况下,词项与单词相同。文档和查询文本必须以相同的方式转换为词项,这样它们之间才可以相互比较。对于一个词项会得到多种结果,会潜在影响检索,因此词素切分是一项很有意义的任务。例如,词素的简单定义可以是由空格分隔的字母、数字、字符串。但是,这并没有告诉我们如何处理大写字母、连字符和撇号等特殊字符。我们应该像"apple"一样对待"Apple"吗?"on-line"是两个字还是一个字?"O'Connor"中的撇号是否应该与"owner's"中的撇号相同?在某些语言中,词素切分变得更加有趣,例如,中文没有像英语的空格符那样明显的单词分隔符。

文档结构通常由标记语言(如 HTML 或 XML)指定。文档解析器使用标记语言的句法知识来识别文档的结构。

2. 停用词去除

停用词组件的任务是移除索引项的词素序列中频数高且价值不大的常用词。最常见的单词通常是帮助形成句子结构的功能词,但对于文本所涵盖的主题的描述本身几乎没有贡献。如"the""of""to"和"for"。因为它们如此常见,删除它们会大大减小索引的大小。排序取决于所采用的检索模型,删除这些单词通常不会影响搜索引擎的有效性,甚至可能会有所改善。尽管有这些潜在的优势,但很难确定要在停用词列表中包含多少个单词。研究中使用的一些停用词列表包含数百个单词。使用这样的列表的问题在于,如果用户提交"to be or not to be"或"down under"之类的查询进行搜索将变得不可能。为了避免这种情况,搜索应用程序在处理文档文本时可能会使用非常小的停用词列表(可能只包含一个停用词"the"),但随后会使用较大的停用词表来处理查询文本。

3. 词干提取、词形还原

词干提取、词形还原是另一个词级转换任务。词干提取组件(或词干分析器)的任务是对来自共同词干得到的派生词进行分组。分组"fish""fishes""fishing"可以归为一类。词干提取的主要思想是"缩减",将词条转换为词干,通过用一个指定的单词替换组中的每个成员(例如,最短的,在这种情况下是"fish")。词形还原的主要思想是"转换",如将"doing""done""did"转换为原型"do",将"given""gave"转换为原型"give"等,可以进一步提高查询与文档中使用的单词匹配的可能性。事实上,词干提取通常会在排名效率方面产生微小的改进。与停用词组件相似,词干提取可以针对所有词进行、谨慎地针对少部分词进行或可以干脆不做。针对所有词进行词干提取可能会导致搜索问题。例如,查询"fishing"时得到的结果是不同种类的"fish"是不合适的。一些搜索应用程序谨慎地对少部分词进行了词干提取,例如,使用字母"s"简单地识别复数形式,或者它们在处理文档文本时不进行词干提取。词干提取的实现方法一般是基于规则对词条后缀进行缩减,词形还原实现的方法需要词典来进行词形变化的映射,工作主要集中在对查询文本进行适当的词的变体。

有些语言,如阿拉伯语,其形态比英语更复杂,因此词干更重要。阿拉伯语中有效的词干成分对搜索效率产生巨大影响。相比之下,其他语言(例如中文)几乎没有词语变异,而且对于这些语言来说,词干效果并不高效。

4. 超链接的提取和分析

在文档解析过程中,可以较容易地识别和提取网页中的链接和相应的锚文本。提取意味着该信息被记录在文档数据存储中,并且可以与一般文本内容分开索引。网络搜索引擎通过链接分析算法广泛使用这些信息,如 PageRank 算法。链接分析为搜索引擎提供了页面关注度,并在某种程度上为页面的权威性(重要程度)提供了评分。锚文本是 Web 链接上可单击的文本,可用于增强链接指向的页面的文本内容。这两个因素可以显著提高某些类型查询的 Web 搜索的有效性。

5. 信息提取

信息提取用于识别比单个单词更复杂的索引项。这些索引项可能是一个黑体、加粗的单词,或标题中的单词,但通常可能需要大量额外的计算。例如,提取诸如名词短语之类的句法特征需要某种形式的句法分析或词性标注。该领域的研究主要集中在提取具有特定语义内容的特征的技术,例如,命名实体识别器,能够可靠地识别诸如人名、公司名称、日期和位置之类的信息。

6. 分类器

分类器组件识别文档或文档部分与类相关的元数据。这涵盖了一系列通常单独描述的功能。分类技术为文档分配预定义的类标签。这些标签通常代表主题类别,例如“体育”“政治”或“商业”。其他类型分类的两个重要示例是:文档识别为垃圾邮件;识别文档的非内容部分,例如广告。聚类技术用于对没有预定义类别的相关文档进行分组,这些分组可以在排名或用户交互期间使用。

1.3.3　索引创建

1. 文档统计

文档统计组件的任务是收集和记录有关单词、特征和文档的统计信息。排序组件使用此信息来计算文档的分数。通常需要的数据包括索引项在各个文档中出现的次数(单词和更复杂的特征)、索引项在文档中出现的位置、索引项在一组文档(例如,所有标有“体育”或整个文件集的文件)中出现的次数,以及以词素数量表示的文件长度。所需的实际数据由检索模型和相关的排序算法确定。文档统计信息存储在查找表中,查找表是为快速检索而设计的数据结构。

2. 权重

权重反映了文档中单词的相对重要性,并用于计算排名分数。权重的具体形式由检索模型确定。加权组件使用文档统计信息计算权重,并将它们存储在查找表中。权重可以作为查询过程的一部分进行计算,某些类型的权重需要关于查询的信息,但通过在索引过程中尽可能多地进行计算,可以提高查询过程的效率。

先前的检索模型中使用最多的是 TF-IDF 加权。这些权重有很多变化,但它们都是基于文档中索引词出现的频率或计数(TF)和整个文档集合中索引词出现频率的组合(IDF)。IDF 权重称为逆文档频率,因为它对非常少的文档中出现的术语赋予高权重。IDF 的典型公式是 $\log(N/n)$,其中,N 是搜索引擎索引的文档总数,n 是包含特定术语的文档数。

3. 倒排

倒排组件是索引过程的核心。其任务是将来自文本转换组件的“文档-词项”信息流更改为“词项-文档”信息,以创建倒排索引,帮助用户快速定位到目标信息,极大地降低了信息获取难度。在完成这项工作时,不仅在最初创建倒排索引时需要处理大量文档,而且随着信息源的增加、修改和删除还需要更新索引。倒排索引的格式是为快速查询处理而设计的,并且在某种程度上取决于所使用的排序算法。索引也被压缩以进一步提高效率。

4. 索引分派

索引分派组件跨多个计算机分发索引,并可能跨网络上的多个站点分发索引。分派对于网络搜索引擎的高效性至关重要。通过分派文档子集的索引,索引和查询处理可以并行完成。分派词项子集的索引也可以支持并行处理查询。复制是一种分派形式,其中,索引或索引部分的副本存储在多个站点中,以便通过减少通信延迟来提高查询处理效率。点对点(P2P)搜索涉及一种不太有组织的分布形式,其中网络中的每个结点都维护着自己的索引和文档集合。

1.3.4 用户交互

1. 查询输入

查询输入组件为查询语言提供接口和解析器。最简单的查询语言,例如,在大多数 Web 搜索接口中使用的语言只有少量的操作符。操作符是查询语言中的命令,用于指示应以特殊方式处理的文本。通常,操作符通过约束文档中的文本如何匹配查询中的文本来帮助阐明查询的含义。例如,简单查询语言中的运算符使用引号来指示所包含的单词应该作为文档中的短语出现,而不是作为没有关系的单个单词。但是,典型的 Web 查询中仅包含少量的关键词,而没有操作符。关键字(Keyword)只是一个简单的词,但对于指定查询的话题来说非常重要。由于大多数网络搜索引擎的排名算法都是针对关键字查询而设计的,因此可能包含较低比例关键字的较长查询通常效果不佳。例如,查询“搜索引擎"的结果比查询"什么是搜索引擎中使用的典型实现技术和数据结构"的结果更好。搜索引擎设计面临的挑战之一是为一系列查询提供良好的结果,并为更具体的查询提供更好的结果。

希望对搜索结果拥有大量控制权的人或使用搜索引擎的应用程序,可以使用更复杂的查询语言。与 SQL 一样,这些查询语言不是为搜索应用程序的终端用户设计的。布尔查询语言在信息检索方面有着悠久的历史,这种语言的运算符包括布尔与(AND)、布尔或(OR)和布尔非(NOT),以及某种形式的邻近运算符,它指定单词必须在特定距离内一起出现(通常以字数统计)。其他查询语言,按照概率框架设计运算符,允许指定与文档结构和内容相关的特征。

2. 查询转换

查询转换组件包括一系列的技术,这些技术用于在生成排好序的文档之前和之后改善初始查询。在查询文本上,需要进行词素切分、停用词去除和词干提取这些工作,以生成与文档词项具有可比性的索引词。拼写检查和查询建议是查询转换的两种技术,它们生成与用户初始查询相似的输出。这两种技术会给用户的初始查询文本提供候选查询,用于纠正拼写错误或者补充更多的查询信息。这些技术通常利用从 Web 应用收集的大量的查询日志。查询扩展技术也给出查询建议或者增加额外的词项,但是通常是基于文档中词项出现的分析。这个分析会使用不同的信息来源,如整个文档集合、被检索的文档或者用户计算机上的文档。相关性反馈是一种查询扩展技术,利用用户认为相关的文档中出现的词项对查询进行扩展。

3. 结果输出

结果输出组件负责把排序组件返回的已排序的文档进行展示。这个组件的任务包括生成网页摘要来对检索到的文档内容进行概括,高亮重要的词和段落,把结果聚类来识别文档组,以及将相应的广告增加到结果显示中。在涉及多种语言的应用系统中,需要被翻译成同一种。

1.3.5　排序

1. 打分

打分组件使用基于检索模型的排序算法给每个文档打分。一些搜索引擎的设计者会声明他们使用的检索模型。但其他的设计者只会公开排序算法,而不会公开检索模型。排序算法使用的特征和权重,可能是基于测试和评估经验得到的,但必须与主题和用户相关,否则搜索引擎不能很好地工作。

研究者们提出了很多种不同的检索模型和导出排序算法的方法,基本打分公式为 $\sum_i q_i d_i$,其中,q_i 是查询中第 i 个词项的权重,d_i 是文档词项的权重。词项权重基于特定的检索模型,通常类似于 TF-IDF 权重计算方法。后面章节会讨论基于 BM25 和查询相似度检索模型的排序算法。

另外,必须快速地计算文档与查询问题的相关度分值,并确定文档排序,将排序结果传递给输出组件,这就是性能优化组件的任务。

2. 性能优化

性能调优涉及排序算法和相关的索引的设计,目标是降低响应时间,增加吞吐量。有两种常用的打分方式,一种是 Term-at-a-time 打分方式,通过对某个查询词项存取索引表进行计算,计算该词项对文档分值的贡献度,将该贡献度的值添加到一个分值累加器中,然后继续访问下一个索引;另一种是 Document-at-a-time 打分方式,对于所有的查询词项同时存取所有的索引表,通过在索引表中指针的移动来找到出现这些词项的某一个文档,以此来计算分值。在 Document-at-a-time 分值计算方法中,可以快速地得到最终的文档分值,而不是每次累加一个词项的值。两种方法都可以进一步优化,大幅度降低计算排序靠前的文档所需要的时间。安全的优化保证跟优化前打分一样;非安全优化不能保证跟优化前打分一样,需要根据实际情况评估优化对排序效果的影响。

3. 分布式

索引是以分布式的形式建立的,排序也可以采用分布式。查询代理负责把查询通过网络分发出去,并把排序结果合并。代理的操作过程与索引的分派形式有关。缓存是另一种分发方式,索引或者之前的查询得到的排好序的文档结果列表,都在本地内存中。如果一个查询或者索引项被多个用户提交,那么本地内存中保留的这些信息可以被重复使用,从而节省很多时间。

1.3.6　评价

1. 日志

查询日志是用户记录从客户端收到所有数据库或操作系统的查询,会记录用户的所有操作,包含增删查改等信息。日志在数据库运行管理中,对维护数据的完整性、安全性,以及数据的转储备份等方面有着非常重要的作用。记录用户的查询和反馈,可以用来提高搜索的质量和效率。查询日志可以用来做拼写检查、查询建议和查询缓存等。用户的单击、浏览时间等行为可以训练排序算法。

2. 排序分析

排名的基本原理是搜索引擎对查询进行处理后,搜索引擎排序程序开始工作,从索引数据库中找出所有包含搜索词的网页,并根据相关算法计算出哪些网页应该排在前面,然后搜索引擎通过一定的格式将顺序展现给用户。排序分析就是基于日志数据或者相关性评价来衡量排序算法的效率。可以采用多样化的评价手段,对输出结果的评价侧重于排序靠前的文档的质量。

3. 性能分析

搜索引擎的检索效果可以从召回率、精确率、准确率、MAP 和相关度等方面来衡量。

召回率是检索出的相关网页数和所有的相关网页数的比率。能否查的全,主要取决于网页索引库的大小,从这一点上,索引的网页数量越多,越有助于提高召回率。精确率是检索出的相关文档数与检索出的文档总数的比率。能否查得准,主要取决于网页排序。以上计算指标会在评价章节具体介绍。但是,评价方法的使用还依赖于具体的应用。例如,对于分布式搜索引擎系统,除了以上几种指标外,还需要检测网络的使用情况和效率。

◈ 1.4　开源的搜索引擎系统

开源的搜索引擎

搜索引擎按工作方式主要分为三种,分别是全文搜索引擎、目录索引类搜索引擎和元搜索引擎。

(1) 全文搜索引擎是名副其实的搜索引擎,国外具有代表性的全文搜索引擎是Google、Yahoo,而国内比较有名的全文搜索引擎有百度、360、搜狗等。这些搜索引擎都有自己的检索程序,自行建立网页数据库,搜索结果直接从自身数据库中调用。

(2) 目录搜索引擎虽然有搜索功能,但从严格意义上算不上真正的搜索引擎,只是一个目录列表而已。用户完全可以不用进行关键词查询,仅靠分类目录也可找到需要的信息。

(3) 元搜索引擎在接受用户查询请求的时候,会同时在其他多个搜索引擎上进行搜索,并将结果返回给用户。搜索结果排列,有的直接按照来源排列搜索结果,有的则按照自定的规则将结果重新排列组合后再返回给用户。

从搜索技术层面上分析,搜索引擎的发展大致经历以下三个阶段。

(1) 第一代搜索引擎是以文档分类导航为特征,收集互联网上各个网站的站名、网址、内容题要等信息,并将它们分门别类地编排到一个网站中,用户可以在分类目录中逐级浏览并寻找相关的网站。

(2) 第二代搜索引擎产生于 20 世纪 90 年代中期,以关键词匹配为特征,并基于超链接分析技术,判断搜索词与目标网页内容相关程度的高低,返回相关度高的网页给用户,实现网页的自动抓取、排序等。

(3) 第三代搜索引擎目前尚未形成统一的界定标准,总体来说,是一种智能化的搜索引擎,可以实现自然语言的无障碍搜索,可以实现语义匹配,可以直接返回检索结果而非链接,提供智能化的检索结果排序。对复杂的检索问题,能给出符合使用者需要的更精确和权威的答案。搜索更注重加强与用户的互动和个性化。

1.4.1　Lucene

Lucene 是一个开放源代码的全文搜索引擎工具包,但它不是一个完整的全文搜索引擎,而是一个全文搜索引擎架构,提供完整的查询引擎和索引引擎,部分文本分析引擎。图 1-5 是 Lucene 全文搜索引擎系统架构图。

图 1-5 左侧为索引过程,对要搜索的原始内容构建索引库,包括获得文档、创建文档对象、分析文档和创建索引。右侧为搜索过程,从索引库中搜索内容,包括用户查询接口、创建查询、执行查询和渲染结果。

Lucene 经过多年演进优化,不同版本的索引文件结构可能不太一样,但基本可以分

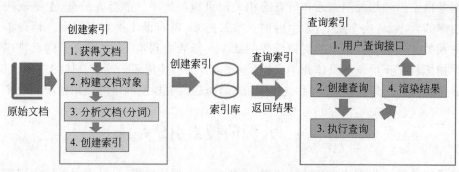

图 1-5　Lucene 全文搜索引擎系统架构图

为四部分:词典、倒排表、正向文件、列式存储,如图 1-6 所示。

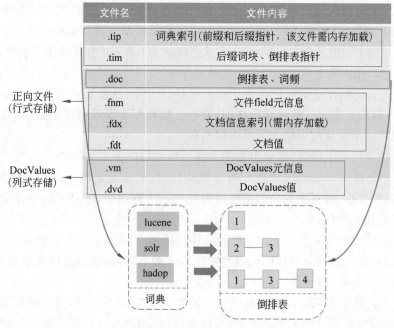

图 1-6　Lucene 索引文件结构

Lucene 作为全文搜索引擎,具有如下优点。

(1)索引文件格式独立于应用平台。Lucene 定义了一套以 8 字节为基础的索引文件格式,使得兼容系统或者不同平台的应用能够共享建立索引文件。

(2)在传统全文搜索引擎的倒排索引基础上,实现了分块索引,能够针对新的文件建立小文件索引,提升索引速度。然后通过与原有索引的合并,达到优化的目的。此外,设计面向对象的系统架构,独立于语言和文件格式的文本分析接口,降低 Lucene 的扩展学习,方便扩充新功能。

(3)提供强大的查询引擎,Lucene 的查询实现中默认实现了布尔操作、模糊查询、分组查询等。

1.4.2　Solr

Solr 本质上是基于 Lucene 的全文搜索服务器,同时对其进行了扩展,提供了比 Lucene 更为丰富的查询语言。采用 Java 5 开发,对外提供类似于 Web Service 的 API。

支持添加多种格式的索引,如 HTML、PDF、微软 Office 系列软件格式以及 JSON、XML、CSV 等纯文本格式。用户可以通过 HTTP 请求,向搜索引擎服务器提交一定格式的文件,生成索引;也可以通过 HTTP 访问提出查找请求,并得到各种格式的返回结果。实现可配置、可扩展并对查询性能进行优化,提供了一个完善的功能管理界面。

Solr 有一个更大更成熟的用户、开发和贡献者社区。Solr 比较成熟稳定,不考虑建索引的同时进行搜索,速度更快。但其缺点是,建立索引时搜索效率下降,实时索引搜索效率不高。

1.4.3　ElasticSearch

ElasticSearch 是分布式的搜索引擎。它不需要其他组件,分发是实时的,处理多租户不需要特殊配置,而 Solr 则需要更多的高级设置。

原始数据会从多个来源,包括日志、系统指标和网络应用程序输入 ElasticSearch 中。数据采集是在 ElasticSearch 中进行索引之前解析、标准化并充实这些原始数据的过程。这些数据在 ElasticSearch 中索引完成之后,用户便可针对他们的数据运行复杂的查询,并使用聚合来检索自身数据的复杂汇总。

ElasticSearch 索引指相互关联的文档集合。ElasticSearch 会以 JSON 文档的形式存储数据。每个文档都会在一组键(字段或属性的名称)和它们对应的值(字符串、数字、布尔值、日期、数值组、地理位置或其他类型的数据)之间建立联系。ElasticSearch 使用的是一种名为倒排索引的数据结构,这一结构的设计允许快速地进行全文本搜索。倒排索引会列出在所有文档中出现的每个特有词汇,并且可以找到包含每个词汇的全部文档。

在索引过程中,ElasticSearch 会存储文档并构建倒排索引,用户可以实时地对文档数据进行搜索。索引过程在索引 API 中启动,通过此 API 既可向特定索引中添加 JSON 文档,也可更改特定索引中的 JSON 文档。

ElasticSearch 索引速度很快。由于 ElasticSearch 是在 Lucene 基础上构建而成的,所以在全文本搜索方面表现十分出色。ElasticSearch 同时还是一个近实时的搜索平台,这意味着从文档索引操作到文档变为可搜索状态之间的时延很短,一般只有 1s。因此,ElasticSearch 非常适用于对时间有严苛要求的用例,例如,安全分析和基础设施监测。

◆ 1.5　搜索引擎面对的挑战

信息检索技术让搜索引擎得以飞速发展的同时,互联网的日新月异也带给搜索引擎越来越严峻的挑战。

1. 搜索引擎更加人工智能

百度下拉和百度相关搜索都是人工智能的体现。当用户不小心输入错别字,如果搜索引擎只按照用户输入的查询进行搜索,那么可能无法给用户提供最相关的结果。然而,搜索引擎通常会通过查询改写来解决这个问题。具体来说,搜索引擎会根据用户输入的查询,尝试猜测用户真正想要搜索的内容,并且改写查询以便更好地匹配搜索结果。还有个性化搜索,如根据用户的喜好显示不同的查询结果、地区化搜索,如每个地区搜同一个词,会出现不同的排名等。

2. 快速建立索引与查询处理

索引和查询是搜索引擎的两个重要组件。对于抓取的文档集,搜索引擎需要快速对页面进行索引处理;当用户输入查询时,如何从海量的数据库中进行快速准确的查询,依据相关算法以及网页本身的重要度排序返回搜索结果,都是搜索引擎面临的挑战。

3. 更加复杂的查询需求

现代用户对搜索引擎的期望越来越高,他们希望能够得到更加准确和有用的搜索结果。因此,搜索引擎需要不断提高其算法和技术,以便更好地理解用户的查询意图,并根据这些意图提供更加精准的搜索结果。此外,用户还希望搜索引擎能够提供语音搜索、图像搜索等多种搜索方式,这也对搜索引擎提出了更高的要求。

4. 恶意信息和虚假信息的影响

互联网上存在大量的恶意信息和虚假信息,这些信息会对搜索引擎的搜索结果产生负面影响。搜索引擎需要不断优化其算法和技术,以便识别和过滤掉这些信息,并提供更加准确和可靠的搜索结果。

5. 保护用户隐私和安全

随着互联网的不断发展,用户的隐私和安全问题越来越受到关注。搜索引擎需要采取各种措施来保护用户的隐私和安全,包括加密通信、匿名搜索等技术手段。

6. 多语言和多文化的挑战

互联网是全球性的,不同国家和地区有不同的语言和文化背景。搜索引擎需要考虑多种语言和文化之间的差异,以便更好地为全球用户提供服务。搜索引擎还需要能够处理多种语言和字符集,以便准确地处理来自不同国家和地区的搜索请求。

7. 社交媒体和移动设备的兴起

随着社交媒体和移动设备的兴起,用户对搜索引擎的使用方式也在发生变化。搜索引擎需要适应这些变化,提供更加智能化、个性化的服务,并且能够在移动设备上提供良好的搜索体验。

总之,搜索引擎面对着众多的挑战,需要不断地提高自己的技术和算法,以便更好地为用户提供服务。

◆ 小　结

本章介绍了信息检索的定义及其在不同领域的应用,详细描述了搜索引擎的架构组件以及每个组件具体的功能。接着,又介绍了三种常见的开源搜索引擎系统,包括Lucene、Solr 和 ElasticSearch。最后罗列了目前搜索引擎面对的挑战。

◆ 习　题

1. 关于文档和数据库叙述错误的是(　　　)。
   A. 数据库是具有良好结构的数据,可以轻便地进行内容查询的实现
   B. 文档数据大部分信息是无结构的文本数据
   C. 文档数据通常会给信息检索带来困难
   D. 数据库的检索速度比文档构建的搜索引擎检索速度快
2. 搜索引擎的基本类型不包括(　　　)。
   A. 以搜集所有类别 Web 页面为目标的网络搜索
   B. 处理公司内不同类型的信息源的企业搜索
   C. 用于用户信息管理的数据搜索
   D. 桌面搜索引擎
3. 搜索引擎的基本构成包括(　　　)。
   A. 文本采集组件
   B. 文本转换组件
   C. 用户交互组件
   D. 文本识别组件
4. 请简述文本采集组件中的文本处理操作和文本转换组件部分的操作的区别。
5. 查询处理中评价组件需要重点研究的问题有哪些?

第2章

信 息 采 集

本章学习目标

- 了解网页特点以及网页的相关评价指标。
- 掌握网页爬虫的爬取流程、策略及相关设计原则。
- 了解如何生成、存储网页摘要。
- 了解页面存储、更新、去噪、去重方法。

人们在网络上冲浪时,会接收到各种各样的信息,如图片、文本、音视频等。为了搭建一个可以对上述信息进行搜索的搜索引擎系统,首先需要对用户希望得到的信息进行收集和备份。而信息采集,就是将信息进行收集和备份的过程和方法。

◆ 2.1 网 页

所有在互联网上的文本图片信息,都需要一个传输、展示的载体,这个载体就是网页。例如,人们最熟悉的 HTML 页面就是一种网页,HTML 页面是由 HTML 这种超文本标记语言进行组织编写的网页,此外还有 JSP 页面、ASP 页面等,用户就是通过浏览这些网页来获取信息的。因此在搜索引擎语境下,信息采集大多数情况下就等同于网页的采集。

那么如何访问网页呢? 依靠的就是网页的 URL,所有互联网上的网页都有一个唯一的统一资源定位器,也就是 URL。如图 2-1 所示,一个完整的 URL 由协议方案、主机名、资源名三部分构成。更具体的例如关于 URL、域名、DNS 服务器、TCP 连接等计算机网络相关知识,本书就不进行赘述了,只需要了解到用户可以通过 URL 访问对应网页就足够了。

图 2-1　URL 的组成

2.1.1　网页的特点

网页是信息进行传输、展示的载体,是构成网站的基本元素。纵观整个互联网,可以总结归纳出网页的四大特点如下。

1. 规模庞大

如图 2-2 所示统计数据显示,截至 2023 年,我国网页数量已达近 4000 亿个。图 2-3 具体显示了国内所有网站数量在 2011—2023 年的变化趋势。每一台主机,在任何时间,都可以轻松地创建出许多网页,以供其他用户访问阅读。由此可见,整个互联网上网页的规模非常庞大,也难以确切估计网页的精确数量。

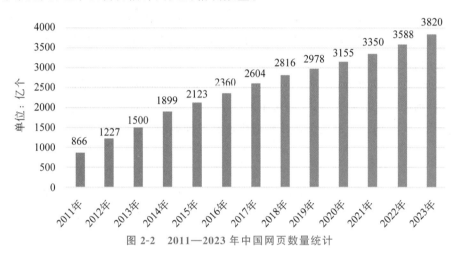

图 2-2　2011—2023 年中国网页数量统计

图 2-3　2011—2023 年中国网站数量统计

2. 时效性的差异化

对于新闻、天气预报、股票金融等信息,大部分人只会关注当天的信息,这类信息的时效性很短。另一类,例如文献、出版刊物等,它们的时效性则长很多。这种网页时效性的差异化要求采集不同类型页面信息时要采用各自对应的更新策略。不过幸运的是,大部分网页都对时效性要求没有那么苛刻,所以不用担心这部分网页会给信息采集带来很大的负担。

3. 质量参差不齐

由于任何主机都可以制作、上传网页,网页质量就很难保证。这就导致在信息采集过程中,如何快速甄别、过滤掉那些低质量、重复的网页,也是信息采集过程中极其重要的一环。

4. 动态页面和静态页面

互联网上的页面可以分为两大类,一类是静态页面,前面说的 HTML 页面,就是一种静态页面。静态页面对每一位用户展示的内容均是相同的,所有的静态页面均是在用户访问之前就已经确定了内容并存储在主机上的,如高校主页。另一类页面是动态页面,如 JSP 页面、ASP 页面等,相比于静态页面,动态页面有着更强大的功能,根据用户操作的不同、数据库信息的改变等,会展示出不同的页面。换句话说,动态网页是在用户给出请求之后,才根据用户的请求来选择性地生成并返回响应的。

2.1.2 网页规模的估计

虽然无法确切知道在某一时刻网页的数量,但是可以对网页规模进行估计,Bharat、Broder、Lawrence 和 Giles 在 1998 年提出了一种基于主流搜索引擎联合覆盖率估计网页规模的方法。首先,通过对当前主流搜索引擎进行随机查询,产生一个 URL 集,代表着对当前互联网上所有网页的一个随机抽样。然后依次记录各大主流搜索引擎对该 URL 集中每一条 URL 的存在状态,通过频率即可估计出互联网上所有网页的规模。举例来说,假设当前有两个搜索引擎 A、B,大小分别为 A_s、B_s。有一个随机查询产生的 URL 集 P,P 集的大小为 P_s,P_s 等于 8。现在通过 A、B 搜索引擎对集合 P 中的 URL 进行搜索,如果能找到,记录为存在,以"√"进行标识。统计得到 P 集关于 A,B 搜索引擎的覆盖情况如表 2-1 所示。

表 2-1　URL 覆盖示意图

P 集	搜索引擎	
	引擎 A	引擎 B
url1	√	√
url2		√
url3	√	
url4	√	
url5		

续表

P 集	搜索引擎	
	引擎 A	引擎 B
url6	√	
url7	√	√
url8		√

由表 2-1 可得 $P(A \bigcap B | A) = \dfrac{2}{5}$，$P(A \bigcap B | B) = \dfrac{1}{2}$，如果预先知道 A_s 的大小为 50，B_s 的大小为 50，由定义出发，给出 $P(A \bigcap B | A)$ 的计算式(2-1)：

$$P(A \bigcap B | A) = \frac{\text{同时包含 } A \text{ 和 } B \text{ 的测试 URL 数}}{\text{包含 } A \text{ 的测试 URL 数}} \tag{2-1}$$

可以计算出 $(A \bigcap B)_s$ 的大小：

$$(A \bigcap B)_s = A_s \times P(A \bigcap B | A) = 20$$

由此估算并集的大小为：

$$(A \bigcup B)_s = A_s + B_s - (A \bigcap B)_s = 80$$

由 B_s 出发，同样可以估计出 $(A \bigcup B)_s$ 的大小：

$$(A \bigcap B)_s = B_s \times P(A \bigcap B | B) = 25$$

$$(A \bigcup B)_s = A_s + B_s - (A \bigcap B)_s = 75$$

可以看到估计值存在一定差异，这是使用样本估计整体的偏差，可以通过多次测量取均值的方式，降低样本偏差对估计值的影响。如果有多个引擎，可以继续拓展估计下去，直至估算出所有可索引 Web 网页的规模。

2.1.3　网页的年龄

网页数量在不断增长的同时，旧网页也在不断地被删除或者修改。换句话说，在不同时间去访问同一个 URL，有可能获取到的是不同的信息。这就要求在信息采集过程中要对已经收集到的信息进行更新，以保证信息的时效性。如图 2-4 所示，计算机会通过 HTTP 的部分首部字段获取网页的时新性信息，如响应首部中的 Age 字段、实体首部的 Expires 字段、Last-Modified 字段等。

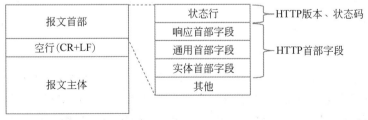

图 2-4　HTTP 报文的构成

其中，Age 字段代表对创建资源经过时间的推算，它能告知客户端源服务器在多久前创建了网页。Expires 字段指实体主体过期的时间,这个字段是为了协调缓存服务器和源服务器处理响应的优先关系,属于从服务器角度保证信息时效性的手段。缓存服务器在接收到含有首部字段 Expires 的响应后,会以缓存来应答请求,在 Expires 字段值指定的时间之前,响应的副本会一直被保存。当超过指定的时间后,缓存服务器就会将用户请求转发给源服务器进行资源请求。Last-Modified 字段比较好理解,就是指资源最后修改的日期。HTTP 通过对这些字段信息的分析和利用保证网页时新性。

为了方便讲述,引入一个衡量网页时新性的度量:网页年龄。网页年龄指网页过期的天数。当网页被爬虫采集备份后,网页年龄为 0。如果网页发生了变化,网页的年龄开始随天数累加,直到页面再次被采集,网页年龄重新变为 0。从定义出发,给出网页年龄的期望计算式(2-2):

$$\text{Age}(\lambda, t) = \int_0^t P(\text{在时间为 } x \text{ 时页面发生变化})(t-x)\mathrm{d}x \qquad (2\text{-}2)$$

根据网页变化的规律,给出 P(在时间为 x 时页面发生变化)的计算推导过程。

研究表明,网页更新是符合泊松分布的,如式(2-3)所示。

$$P(X=k) = \frac{\lambda^k}{k!}\mathrm{e}^{-\lambda} \qquad (2\text{-}3)$$

式(2-3)中,X 表示单位时间内页面更新次数,λ 表示单位时间内网页变化次数的期望值。现在推广到一段时间 x 内网页更新 k 次的概率,如式(2-4)所示。

$$P(X=k) = \frac{(\lambda x)^k}{k!}\mathrm{e}^{-(\lambda x)} \qquad (2\text{-}4)$$

取 X 值为 0,有式(2-5):

$$P(X=0) = \mathrm{e}^{-\lambda x} \qquad (2\text{-}5)$$

式(2-5)为时间 x 内网页更新零次概率,等价于过了时间 x 后网页才发生变化的概率,记 Y 为网页发生了变化的时间,用符号表示为式(2-6):

$$P(Y>x) = P(X=0) = \mathrm{e}^{-\lambda x} \qquad (2\text{-}6)$$

那么在时间 x 内网页发生变化的概率为式(2-7):

$$P(Y \leqslant x) = 1 - P(Y>x) = 1 - \mathrm{e}^{-\lambda x} \qquad (2\text{-}7)$$

得到网页变化时间 Y 的概率分布函数,对其求导可得 Y 的概率密度见式(2-8):

$$P(Y) = \lambda \mathrm{e}^{-\lambda x} \qquad (2\text{-}8)$$

依据概率论相关知识,可以发现 Y 为指数分布,现在将其带入网页年龄的积分公式可得式(2-9):

$$\text{Age}(\lambda, t) = \int_0^t \lambda \mathrm{e}^{-\lambda x}(t-x)\mathrm{d}x \qquad (2\text{-}9)$$

图 2-5 展示了当 λ 取 1/7 时,网页年龄期望随时间的变化规律。观察曲线可以发现,网页年龄是随时间的增加而增加的,新更新的网页年龄最小。再来观察其斜率变化,可以发现曲线是下凸的,也就是说,网页年龄在更新之后的较短时间内变化缓慢,过了一段时间后年龄期望增长加快。可以看到,在更新后的第七天,网页年龄的期望为 2.6 天左右。也即如果每周对网页信息进行一次更新,那么用户看到的网页的平均年龄为 2.6 天左右。

在信息采集过程中,一般会按 λ 值将网页分为不同类型,对不同类型的网页采用合适的更新频率,以达到系统性能和用户体验的平衡。

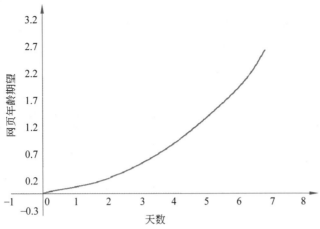

图 2-5　λ 取 1/7 时网页年龄期望的变化趋势

◆ 2.2　网页爬虫

数据爬虫
与网站地图

2.2.1　网页爬虫的定义

互联网上的信息规模庞大、质量参差不齐、时效性存在差异,仅靠人工进行信息采集工作显然不现实。网页爬虫就是为了满足人们信息采集需求而产生的一种实用工具,按照一定的规则,自动抓取 Web 信息的程序或者脚本。

2.2.2　网页爬虫的执行流程

为了方便后面的讲解,需要对网页爬虫的工作流程有一个整体的认识,图 2-6 是一个网页爬虫处理步骤和组成部分的简单示意图,不同爬虫具体实现细节有所差异,但基本都包含机器人排除、下载、后续处理、优先级队列插入这 4 个步骤。首先,要启动一个网页爬虫,需要人工选出一个种子 URL 队列,作为初始的优先级队列。然后从优先级队列顶端取出一个 URL,正式开始抓取。

1. 机器人排除

爬虫程序通过 URL 找到对应网站后,首先会利用该网站路径".\robots.txt"中的信息,获取该网站上哪些网页允许被爬取,哪些不允许,并将这些信息进行缓存,避免重复下载。此外还有如网页更新频率、网页优先级等概述性信息也在这一阶段获取。

2. 下载

对于允许爬取的网页,网页爬虫会通过 HTTP 访问并下载,包括普通网页的下载、表单结果获取、脚本页面的执行和下载。

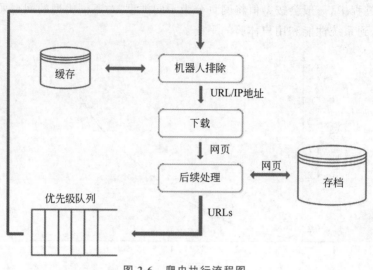

图 2-6　爬虫执行流程图

3. 后续处理

分析下载获取到的网页,对网页进行备份。同时生成、存储网页摘要,包括对网页摘要进行更新、去噪、去重,都是这一阶段的工作。

4. 优先级队列的插入

将提取到的网页中指向其他网页的新 URL 按照一定策略插入到优先级队列中。所谓优先级队列,是指以某种策略计算网页重要性后,依据重要性将网页顺序存放的队列。

至此,网页爬虫完成对一个 URL 的内容抓取,重新从优先级队列顶端取出一个新的 URL,重复以上四步,直至网页爬虫用尽分配的磁盘空间,或者优先级队列为空。

2.2.3　设计网页爬虫的原则

在设计网页爬虫时,应该考虑以下四方面,以保证爬虫的稳定性和实用性。

1. 高性能

对网页爬虫来说,最重要的性能指标就是下载网页的速度,单位时间内能下载的网页数量越多,爬虫的性能就越高。除了网络带宽会影响网页下载速度,网页爬虫的 URL 队列排列速度也是影响网页爬虫性能的重要因素。

2. 可扩展性

有时候,单个爬虫的性能很难满足需求,这时候就要求网页爬虫有很好的扩展性。一个具有良好扩展性的网页爬虫可以同时部署在多台服务器上,每台服务器上的爬虫又可以开启多个线程进行爬取,它们之间互相协作而不冲突地共同完成信息采集工作,我们称这样的网页爬虫具有良好的可扩展性,这类爬虫也叫作分布式爬虫。

3. 健壮性

也称作鲁棒性,是指面对服务器宕机等突发情况,程序重启后能否恢复现场;爬取到网页编码不规范、网页丢失、网页错误等情况,能否继续工作。二者都是网页爬虫健壮性的体现。

4. 礼貌原则

网页爬虫的礼貌原则体现在两方面:一是保护网站隐私;二是控制被抓取主机的网络负载。从保护网站隐私角度来说,对于那些不希望被爬取的网页,网站管理员会使用相关协议以避免网页爬虫对这些隐私页面进行爬取,这里的协议就是指即将在 2.3 节中介绍的"Robots 协议"。从网络负载的角度来说,礼貌原则体现在网页爬虫需要在不影响网站正常工作的前提下进行爬取,不对同一个站点进行高频访问。

2.2.4   网页爬虫的评价指标

目前并没有对网页爬虫有量化的评价指标,本书从定性的角度,对网页爬虫的优劣进行一个分析。总结概括为以下三方面:网页覆盖率、网页质量、网页时新性。

1. 网页覆盖率

目前而言,没有网页爬虫能够将互联网上所有的网页都爬取到。所有的搜索引擎都只能搜索到互联网上的部分网页。网页覆盖率,就是指爬取的网页数量与互联网上所有网页数量之比,一个爬虫的网页覆盖率越高,用户能检索到的信息越多,网页爬虫越优秀。

2. 网页质量

网页质量参差不齐,也是互联网上网页的重要特征。在相同网页覆盖率下,如果网页爬虫爬取到的网页都是高质量的网页,当然比爬取到不重要网页的爬虫更优秀。

3. 网页时新性

对于抓取的同一网页,爬取到的内容越新,网页爬虫越优秀。尤其对于一些时效性要求高的网页类型而言,网页年龄越小,用户体验越好。设想一下,如果想要知道明天的天气,结果搜索引擎搜索后,只给出了昨天的天气情况,这显然无法满足需求,这样的搜索引擎也不是一个优秀的搜索引擎。

2.2.5   爬取策略

爬取策略即网页爬虫优先级队列的插入策略。爬取策略对网页爬虫的性能有着深刻的影响,同时还影响爬取网页质量的高低。当前常见的网页爬取策略有四种:宽度优先遍历策略、非完全 PageRank 策略、OPIC 策略、大站优先策略。

1. 宽度优先遍历策略

宽度优先遍历是一种简单直观的遍历方法,在搜索引擎爬虫一出现就开始采用,新提出的抓取策略往往会将这种方法作为基准比较。宽度优先遍历其实就是将新下载网页包含的链接直接追加到优先级队列末尾。实验表明,这种策略效果很好,虽然看似机械,但实际上网页抓取顺序基本是按照网页的重要性排序的。有研究人员认为,如果某个网页包含很多入链,那么更有可能被宽度优先遍历策略早早抓到,而入链个数从侧面体现了网页的重要性。所以宽度优先遍历策略隐含一些网页优先级的假设。

2. 非完全 PageRank 策略

PageRank 算法是一种著名的链接分析算法,可以用来衡量网页的重要性。很自然地,可以想到用 PageRank 的思想来对 URL 优先级进行排序。但是这里有个问题,PageRank 是全局性算法,也就是说,当所有网页都下载完成后,其计算结果才是可靠的。而爬虫的目的就是去下载网页,在运行过程中只能看到一部分页面,所以在抓取阶段的网页是无法获得可靠 PageRank 得分的。如果仍然坚持在这个不完整的互联网页面子集内计算 PageRank 呢?这就是非完全 PageRank 策略的基本思路。

对于已经下载的网页,加上待抓取优先级队列中的 URL 一起,形成网页集合,在此集合内进行 PageRank 计算。计算完成后,将优先级队列里的网页按照 PageRank 得分由高到低排序,形成的序列就是爬虫接下来应该依次抓取的顺序。这也是为何称为"非完全 PageRank"的原因。如果每次新抓取到一个网页,将所有已经下载的网页重新计算新的非完全 PageRank 值,效率太低,在现实中通常很难达到。一个折中的办法是,当新下载的网页达到一定数量时,就将所有下载页面重新计算一遍新的非完全 PageRank 值。这样的计算效率还勉强能够接受,但是又引来了新的问题:在展开下一轮 PageRank 计算之前,重新下载的网页抽取出包含的链接,这些链接很有可能重要性非常高,理应优先下载,这种情况该如何解决?非完全 PageRank 赋予这些新抽取出来但是又没有 PageRank 值的网页一个临时 PageRank 值,将这个网页的所有入链传导的 PageRank 值汇总,作为临时 PageRank 值。如果这个值比优先级队列中的网页高,那么优先下载这个 URL。

非完全 PageRank 看上去相对复杂,那么效果是否一定优于简单的宽度优先遍历策略呢?不同的实验结果存在争议,有些表明非完全 PageRank 结果略优,有些实验结果结论则恰恰相反。更有研究人员指出,非完全 PageRank 计算得出的重要性与完整的 PageRank 计算结果差异很大,不应作为衡量抓取过程中 URL 重要性计算的依据。

3. OPIC 策略

OPIC(Online Page Importance Computation)的字面含义是"在线页面重要性计算",可以将其看作一种改进的 PageRank 算法。在算法开始之前,每个互联网页面都给予相同的初始分值,当下载了某个页面 P 后,P 将自己的分值平均分配给页面中包含的链接页面,把自己的分值清空。而对于优先级队列中的网页,则根据其当前分值大小排序,优先下载分值高的网页。OPIC 从大的框架上与非完全 PageRank 策略的思路一致,区别在于

PageRank 每次需要迭代计算,而 OPIC 策略不需要迭代过程,所以计算速度远快于 PageRank,适合实时计算使用。实验结果表明,OPIC 是一种较好的重要性衡量策略,效果略优于宽度优先遍历策略。

4. 大站优先策略

大站优先策略的思路很直接,以网站为单位来衡量网页重要性。对于优先级队列中的网页,根据所属网站归类,如果哪个网站等待下载的页面最多,则优先下载这些链接。其本质思想倾向于优先下载大型网站,因为大型网站往往包含更多的页面。鉴于大型网站往往是著名企业的内容,其网页质量一般较高,所以这个思路虽然简单,但有一定依据。实验表明,这个算法效果也要略优于宽度优先遍历策略,缺点是这种方法在初始化优先级队列时工作量较大。

2.2.6　深网爬取

深网是指常规情况下,网页爬虫很难发现的网页网站。深网大概可以归结为三类:私人站点、表单结果、脚本页面。

(1) 私人站点指一些很少有入链或者没有入链的网页网站。私人站点一般具有隐私性质,不希望被爬虫爬取,对私人站点的爬取也违反了网页爬虫设计的礼貌原则。

(2) 表单结果指那些需要向表单提交数据才能显示的网页,例如,航班、火车等线上售票网站需要旅客选择始发站和终点站之后才显示车次信息,这些信息是普通网页爬虫获取不到的。

(3) 脚本页面,即动态网页。这类网页需要客户端执行一些浏览器的小脚本才能显示信息,如 JavaScript 脚本、Flash 脚本等,目前的网页爬虫已经支持运行 JavaScript 脚本,虽然会对网页爬虫的性能造成一定影响。

为了能对以上页面进行索引和爬取,尤其是对表单结果类型的页面,需要专门设计与常规爬虫机制不同的网页爬虫系统,这类爬虫可以称作暗网爬虫。目前,大型搜索引擎提供商都将暗网挖掘作为一个重点研发方向,是网页爬虫的新兴领域。如百度提出的"阿拉丁"计划,就是综合应用深网爬虫等一系列技术建设新一代搜索引擎的方案。

◆ 2.3　网站地图

如前文所述,当前仍有许多网页内容不能被网页爬虫轻易获取,而网站又希望将网页信息告诉搜索引擎,被其他人浏览阅读,为了解决这种情况,网站地图应运而生。

网站地图是网站所有者将希望被人发现的归属于自己网页的信息整理出来,单独存储在特定位置,以便网页爬虫直接进行读取。被整理的信息一般包括网页的 URL、修改时间、修改频率、信息摘要等概述性信息。这样一来,在进行信息采集的时候,就可以通过网站地图直接访问到该网站下的网页信息。一方面,网站地图提高了信息采集的效率;另一方面,在信息质量和信息正确率方面也有较大提高。网站地图和网页爬虫二者相辅相成,共同完成搜索引擎信息采集的工作。

图 2-7 是 XML Sitemap[①] 格式的一个网站地图示例,其中,＜loc＞标签代表网页的 URL,＜changefreq＞里表明网页的更新频率,＜priority＞标签指明网页的重要性,＜lastmod＞标签标识网页的最后修改日期。

此外,网站地图还有一个协议和网页爬虫密切相关:Robots 协议,它使用简单的 TXT 文本来告诉网页爬虫哪些允许爬取,哪些禁止爬取。其构成也比较简单,只有三个关键字段名:Disallow、Allow、User-agent。其中,Disallow 是指禁止抓取,如 Disallow:/a,就是禁止搜索引擎抓取带有/a 这个关键词的链接;Allow 是允许抓取,如果没有使用 Allow 标识,则默认允许抓取;User-agent 指的是哪些搜索引擎执行以下协议,如 User-agent: baiduspider 代表使用百度执行。图 2-8 是某网站的部分 Robots 协议内容。另外,Robots 协议也支持简单的正则匹配,可以使用一些通配符来模糊匹配,如"＄"匹配行结束符、"＊"匹配 0 个或多个任意字符。

```
<?xml   version="1.0"   encoding="UTF-8"?>
<urlset xmlns="http://www. sitemaps.org/schemas/sitemap/0.9">
  <url>
    <loc>http://ww.company.com/</loc>
    <lastmod>2022-01-15</lastmod>
    <changefreq>monthly</changefreq>
    <priority>0.7</priority>
  </url>
  <url>
    <loc>http://www.company. com/items?item=truck</loc>
    <changefreq>weekly</changefreq>
  </url>
  <url>
    <loc>http://www. company. com/items?item=bicycle</loc>
    <changefreq>daily</changefreq>
  </ur1>
</urlset>
```

图 2-7　网站地图示例

```
User-agent: EasouSpider
Allow: /

User-agent: Googlebot
Allow: /

User-agent: Googlebot-Mobile
Allow: /

User-agent: JikeSpider
Allow: /

User-agent: MSNBot
Allow: /

User-agent: Sogou News Spider
Allow: /

User-agent: *
Disallow: /

User-agent: *
Disallow: /ugc/
```

图 2-8　某网站的部分 robots.txt 样例

◆ 2.4　非网页类信息采集

在互联网中,除了网页可以作为信息载体之外,还有多种其他形式的信息可以在互联网上互相传递,如使用 FTP 传递的数字文件,使用 SMTP 进行传输的电子邮件等。不过这些信息就性质而言,具有很强的隐私性,用户通常都不希望自己的电子邮件或者文件被整个互联网上的其他主机发现,所以在大型商用搜索引擎中,并不涉及非网页类信息的采集,在公司内网、校园网等小型网络中,非网页类信息采集才有一定需求。

非网页类信息采集通过与本地文件管理器交互进行信息采集,而非使用网页爬虫爬

---

① 　Sitemap 是一个 XML 文件,有不同版本,这里使用的是百度的 Sitemap 格式。

取的模式。操作系统的文件管理器会对本地各种格式的文件、电子邮件等进行管理、组织、存储。通过文件管理器的接口，即可轻松获取相关文件的信息摘要。

在小型网络中，非网页类信息采集的获取难度虽然低，但是对于隐私问题和时效性要求更加严格，情况也更为复杂，一般情况下还需要人工辅助处理。

◈ 2.5　存储文档

存储文档

存储文档属于信息采集工作流程的最后一步，负责将爬取到的信息在本地服务器的磁盘中进行存储和备份。实际上，除了要对文档本身进行备份外，还需要额外对可以代表网页主体信息的一个子集进行备份，一般称这个子集为网页的"摘要"。

文档的存储实际是一个空间换时间的操作，是为了避免在后续文本转换、索引建立阶段对网页信息进行重复爬取，降低搜索引擎系统性能。

2.5.1　形成摘要

最简单的网页信息抽取类型就是锚文本抽取。从网页中所有的出链（超链接）中提取锚文本，将锚文本信息作为摘要即可。在 HTML 规范中，锚文本使用＜a＞标签进行标记。实践证明，一个网页的关键信息可以被锚文本恰当地描述，使用锚文本作为网页的信息摘要是简单有效的手段。此外，还有段落标题（＜h＞标签）、网页标题（＜title＞标签）等都可以记录到网页摘要中，当然也可以直接从文本中进行提取，如人名、地名等专有名词也是对网页关键信息的描述。总之，应该根据具体问题使用恰当的摘要形成方式。除了代表网页主要内容的摘要之外，文档存储还应该对网页的一些属性信息进行备份，如网页的作者、修改时间等，这些一般是写在 HTML 头部标签中的重要信息，关系到网页的更新操作，非常重要。

2.5.2　存储摘要

尽管网页摘要的规模已经远远小于网页本身的规模了，但是依旧不容小觑。考虑到后续在文本转换以及网页更新时还要对文档进行频繁的查找，显然不适合选择顺序或者链式等查找耗时的数据结构进行存储。相比之下，使用哈希表进行查找是一种明智的选择。

在实际生产过程中，如果仅使用哈希表来进行存储，在网页不断增长的情况下，哈希碰撞的问题就不可避免，因此为了避免哈希碰撞太多使得查询操作的时间复杂度退化，在大规模的搜索引擎系统中，通常要结合使用 B-Tree 等多种数据结构，来达到较优的性能。例如，通过哈希表查得对应 URL 的网页摘要存储在哪一个服务器或在哪一个文件夹下，然后再使用 B-Tree 或者有序的顺序存储，找到在服务器中或文件夹下的具体偏移位置。

当下有诸多现成的数据库产品可以直接进行摘要的存储，常见的如 MySQL、Oracle。只需要有一定 SQL 基础就可以完成文档存储的工作，也不需要关心如何优化查询，提高增删改的效率。

虽然上面提到的 MySQL 等关系型数据库可以满足存储网页摘要的需求，但是还有更高效率的选择,如著名的开源文档存储系统 BigTable,这是一个专门针对网页摘要等文档类信息进行存储的分布式数据库系统。和关系型数据库不同,BigTable 不使用 SQL 进行查询,因为文档的查询没有像关系型数据库中的数据表一样进行如子查询、连接查询等一些复杂的查询场景。它也不需要考虑读写冲突、写读冲突、写写冲突等多用户耗时操作情况下需要解决的问题。BigTable 着重解决的是如何管理一个 PB 级别大表的问题,这也是关系型数据库没有的优势。为了满足这一需求,BigTable 有以下几个重要特征。

1. 出色的故障恢复能力

要处理 PB 级数据,分布式架构是必然要求。如果一台服务器宕机,另一台服务器可以从一个共享的文件系统中获取到宕机服务器的事务日志,恢复宕机服务器存储的文档内容,同时承担宕机服务器的工作。为了保证共享文件系统中的日志文件不会过于庞大,一旦数据写入 BigTable 中,就不允许修改,这样就解决了复杂的修改事务回滚问题,不需要很大的日志文件就可以恢复故障,而实际上网页摘要也确实对改操作没有很大需求。

2. 以行的方式对文档进行组织

在 BigTable 系统中,每一行代表一个网页的信息。该网页中的锚文本、标题等信息,都存储在一行内,同时对每一行的列数没有严格要求,也就是说,行和行之间可以有不同的列数。BigTable 只要求所有行具有相同的列组即可,一个列组包含不同的列数,例如,一行内的锚文本列组可以是两列,也可以是三列,如图 2-9 所示。由于 BigTable 不具有多表结构的设计,管理的只是一张大表,所以列组存在的灵活性是非常必要的。

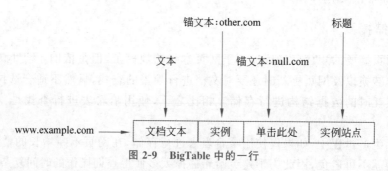

图 2-9　BigTable 中的一行

3. 依照行主键对表进行分割

虽然 BigTable 管理的只有一张表,但是要分布式地存放在不同服务器上,就需要对表进行合理的分割,依照一定规则存储。在查找特定行时也非常方便,依照规则即可确定对应行所在服务器的位置,直接向对应服务器发起查询请求即可。

通过表 2-2 可以发现,BigTable 是比关系型数据库更适用于存储网页摘要的存储系统,通过对 BigTable 构架的介绍,能更好地理解存储网页时需要注重的问题。

表 2-2　BigTable 和关系数据库对比

	BigTable	并行关系数据库
数据类型	结构化数据或半结构化数据	结构化数据
架构	Master＋Tablet Servers	并行分布式数据存储
查询	只能进行单个列查询,不能进行复合条件查询	可以进行较复杂的查询
读写特性	写复杂,所有写满足一致性	事务处理读写操作
扩容	添加 Tablet 服务器,Tablet 分表	很难
负载均衡管理	Master 管理进行数据迁移	数据划分、分散
数据版本	时间戳,不同数据有不同的历史版本	单一版本

2.5.3　文档更新

1. 主动更新

网页摘要里记录了网页的修改时间和更新频率等信息,主动更新就是指网页爬虫依据这些信息,利用对网页年龄的预测来自主决定何时对目标网页重新爬取,重新生成网页摘要,将新生成的网页摘要和已存储的旧的网页摘要进行比对合并。对于更新频率高、质量优秀的网页采用更高的重访频率,而更新频率低、质量低劣的网页使用更低的重访频率。

2. 被动更新

与主动更新不同,被动更新情况下网页爬虫不会参照网页摘要中的信息。在运行过程中,如果爬取到的网页 URL 恰好是已爬取过的,才将新旧网页摘要进行合并比对。相比于主动更新,被动更新更简单,不需要额外操作。在处理时效性不强的网页集时,时空开销更小。但是被动更新比较盲目,导致爬取到的网页时效性较差。

还需要注意的是,无论采用主动更新或者被动更新策略,都要注意网页重爬的问题。也就是说,在一段时间内对同一个网页反复爬取是不可取的,会造成爬虫性能的浪费。通常情况下,会选择在缓存中维护一张最近已访问网页表,如果从 URL 队列中取出的网页是在已访问表中存在的,就跳过该条 URL,同时最近已访问表中的表项也会随时间长短或一些其他条件淘汰那些最近没有被访问的网页,使得这些网页可以被正常更新。网页的更新和避免重爬二者看似矛盾,实则是一个相互平衡的整体。

2.5.4　网页去重和去噪

1. 网页去重

重复和近似重复在网页中经常出现,URL 不同的网页,内容却可能相同。当然还有使用多个 URL 对应同一个网页、网站的镜像站点等情况,都会产生重复。有数据显示,在信息采集过程中,70%的网页都是重复出现或者内容近似重复的。很显然,重复的网页没有太大的信息价值,保留重复的网页也会增加存储开销。更重要的是,重复的网页会极大影响搜索引擎的用户体验,所有用户都不希望在进行一次搜索后,浏览器返回的响应中,大部分都是相同的内容,因此网页去重也是信息采集过程中的重要环节。

对于内容完全重复的网页,例如镜像站等情况,使用"检验和"等相关技术可以较为轻易地检查出来。这里举例使用循环冗余校验(CRC)来完成对完全重复网页的检验。现假设一个网页的摘要为"Search",将其处理为二进制字节码,如图 2-10 所示。

```
网页摘要原内容:

            Search

将内容转为ASCII码:

        \u0053\u0065\u0061\u0072\u0063\u0068

对应的二进制字节码为:

01010011 01100101 01100001 01110010 01100011 01101000
```

图 2-10 循环冗余校验法

选取一个生成多项式 $G(x)=x^7+x^5+x^3+x^2+1$,以摘要对应二进制字节码作为被除数,先将字节码乘 2^8,即左移 8 位,再以 $G(x)$ 作为除数作模 2 运算计算得到冗余码 $R(x)$ 为

$$R(x)=1010101$$

如果现在还有另一个网页,采用同样的方式计算冗余码,如果得到的冗余码与 $R(x)$ 相同,那么就可以认为这两篇文章是完全重复的。当然在实际情况中文档的字节码要更长,$G(x)$ 的选取也更有讲究,应用较多的生成多项式 $G(x)$ 有 CRC-16、CRC-CCITT、CRC-32。$G(x)$ 的选取对校验效果起着关键的作用,如果选取了不合理的 $G(x)$,容易造成重复检测的误判,即两个网页虽然内容不同,但是它们具有相同的冗余码。

还有如 MD5 算法(Rivest,1995),通过一个 128 位长的哈希值,来判断网页是否完全重复,也是相当成熟且使用方便的重复检测算法。

相比于完全重复,近似重复的检测方法较为模糊和困难。可以先将欲进行重复检测的网页摘要向量化,然后两两之间计算网页向量的余弦相似度(式(2-10)),通过阈值判断两篇文章是否为近似重复。

$$相似度=\cos(\theta)=\frac{A \cdot B}{\|A\| \|B\|}=\frac{\sum_{i=1}^{n}A_i \cdot B_i}{\sqrt{\sum_{i=1}^{n}(A_i)^2} \cdot \sqrt{\sum_{i=2}^{n}(B_i)^2}} \tag{2-10}$$

除了余弦相似度这一传统相似度计算方法外,网页指纹技术在网页近似重复检测领域也非常有用,它比余弦相似度重复检测更为简洁高效,不同的网页指纹生成过程略有区别,但都可以概括为以下几步。

（1）首先对文档进行文本预处理，删除如标点、HTML 标签、空格等非内容类文本。

（2）对中文文本进行分词处理，对英文文本进行词组组合，形成对应的关键词序列，通常这个序列是相互重叠的词序列。

（3）按照一定方法选出词序列的子集用于表示该文档。

（4）将子集使用散列函数计算哈希值，进一步减小存储代价，以提高重复检测效率。

（5）用哈希值的相似度代表网页的相似度，进行相似度计算。

不同的网页指纹法在生成词序列和选取词序列子集时有所差异。以三元组对一段英文文本划分词序列为例，对每一位哈希值取余，余数为 0 的哈希值作为该段文本的指纹，处理流程如图 2-11 所示。

Tropical fish include fish found in tropical environments around the world,including both freshwater and salt water species.

(a) 原始文本

tropical fish include, fish include fish, include fish found, fish found in, found intropical, in tropical environments, tropical environments around, environmentsaround the, around the world, the world including, world including both, includingboth freshwater, both freshwater and, freshwater and salt, and salt water, saltwater species

(b) 3-gram

938 664 463 822 492 798 78 969 143 236 913 908 694 553 870 779

(c) 哈希值

664 492 236 908

(d) 使用0 mod 4选择的哈希值

图 2-11　网页指纹法

哈希值的相似度计算要比使用余弦相似度计算快，只需要统计文本哈希指纹之间有哪些是交集，并集，即可计算出两个网页之间的相似度。用 A 表示网页 a 的指纹，B 表示网页 b 的指纹，网页 a 和网页 b 的相似度可简单表示为

$$\frac{|A \cap B|}{|A \cup B|}$$

虽然实践表明，余弦相似度计算要比指纹法近似重复检测的效果好，但是指纹法的效率要远高于余弦相似度检验。所以如果有更科学的词序列生成方法以及词序列子集的选取方法，使得指纹法在检测相似性的精度上更高，一定是比余弦相似度计算更优秀的近似重复检测方式。

2. 网页去噪

网页去噪是指去除网页中那些和网页主题无关的信息，例如，导航条、广告信息、版权信息以及调查问卷等，它们大部分还伴随着相关链接。这些信息对于网页主体内容来说就如噪声一般，不利于搜索引擎对网页信息进行提取，尤其干扰锚文本的提取。已知的网页去噪方法有基于标签分布的网页去噪以及基于视觉和内容特征的网页去噪。

1) 基于标签分布

Finn 等在 2001 年观察发现网页的主要内容部分比噪声部分含有更少的 HTML 标签,通过这一特征来实现网页去噪,是典型的基于标签分布的网页去噪手段。对如图 2-12 所示的新闻网页而言,上面的导航栏等信息就属于噪声,相比于页面主体,导航栏包含更多的 HTML 标签。通过对标签密度的计算,过滤掉高 HTML 标签密度的区域,就可以完成网页去噪。

图 2-12   网页主体与噪声对比

Gupta 等在 2003 年提出了一种新的基于标签分布的网页去噪方法,在应对多内容块网页的时候,比 Finn 的方法呈现更好的效果。该方法递归遍历 HTML 标签,通过一些启发式法则过滤其中一些标签,只留下内容。依据这些启发式法则,结合具体问题分析,设立不同的过滤条件,从而达到网页去噪的效果。

这里给出部分启发式法则。

(1) 以链接的形式出现,链接到别的相关页面的可能是噪声。

(2) 具有很多锚文本且标点符号较少的,往往是对其他链接页面的说明,属于噪声。

(3) 如版权声明等信息,多出现于网页标签首部或尾部,也可能属于噪声。

(4) 标签层次较浅的可能属于噪声。

2) 基于视觉和内容

从视觉和内容特征角度出发,也可以实现网页去噪。例如,Yu 等在 2003 年提出,从 DOM 树的视觉特征构建可视块的层次结构,通过分析文本块的位置,使用字体的颜色、字号大小、背景颜色等视觉特征过滤网页噪声。这类方法属于搜索引擎在深度学习领域的一个应用场景,在本书中就不展开介绍了。

◆ 小　结

本章首先讲述了网页的特点以及评价指标,然后介绍信息采集阶段的主要任务,详细阐释了网页爬虫的工作流程,重点介绍了爬虫的爬取策略,以及如何设计一个优秀的网页爬虫。此外,还介绍了文档存储阶段中如何生成、存储文档,如何对备份文档进行更新、去噪和去重。

◇习　　题

1. 以下关于网页爬虫的说法错误的是(　　　)。

 A. 爬虫又叫网页蜘蛛,是抓取数据的自动化程序或脚本

 B. Robots 协议是约定哪些内容允许哪些爬虫抓取

 C. 为了节省时间,可以一次爬取大量网页

 D. 确定 URL,模拟浏览器向服务器发送请求

2. 下列信息中,可以被网页爬虫爬取的是(　　　)。

 A. 互联网公开且可以访问的信息

 B. 用户的注册信息

 C. 网站的后台信息

 D. 互联网非公开信息

3. 下列不属于常见的爬虫类型的是(　　　)。

 A. 通用网页爬虫

 B. 增量式网页爬虫

 C. 深网爬虫

 D. 聚焦网页爬虫

4. 不属于通常的反爬虫手段的是(　　　)。

 A. 访问频率

 B. 访问时间间隔

 C. 在一个网站一次爬取网页的数量

 D. 人工筛选

5. 下列关于分布式信息采集的说法错误的是(　　　)。

 A. 面对大量信息采集时,常采用多台计算机并行执行

 B. 并行处理也可以达到分布式的效果

 C. 整体效果像一台单独的计算机,只是拥有多个 URL 队列

 D. 每一台爬虫的计算机都需要保持 URL 集合并在新发现的 URL 添加到队列中时需要检查是否已被采集过

6. 下列关于网站地图的说法错误的是(　　　)。

 A. 是一个包含某网站信息的描述

 B. 帮助网页爬虫找到那些通常不容易找到的信息

 C. 使爬虫知道什么页面更重要,帮助判定重要页面和优先 URL

 D. 可以让爬虫知道各页面的更新时间,帮助提高抓取效率

7. 关于统一资源定位符 URL 说法正确的是(　　　)。

A. 互联网上的每个文件都有多个 URL

B. URL 地址由协议方案、主机名、资源名组成

C. 一个域名必须对应一个 IP 地址,一个 IP 地址可能对应零到多个域名

D. 爬虫过程中要先指定种子 URL 集合,形成初始 URL 请求队列

8. 深层爬虫主要聚焦于哪些类型的网页?

第 3 章

文 本 转 换

本章学习目标

- 了解文本统计特征以及索引结果集规模估计方法。
- 了解词干提取的两种方法以及词干提取和词形还原的异同。
- 熟悉词素切分的三种实现方式。
- 掌握文本向量化的表示方法。

有了网页摘要后，为了便于搜索，通常要对网页摘要进行处理。通过对文本进行修改和重构，将文本中出现的词语转换为更一致的索引项，即词项。这一转换过程被称为文本转换，也叫文本处理。

词项是连接网页摘要和倒排索引表的桥梁，而倒排索引是用户快速检索的关键（倒排索引的相关内容在第 4 章详细介绍）。在相关资料中，词项也被称作词素。简单来说，词项就是一个有完整意义的字符串，可以是人名、地名、组织名等名词，也可以是一个动词或者短语。倒排索引是一个词项-文档的对应表，通过查询对应词项的倒排索引表就可以知道该词项在哪些网页中出现。无论是网页还是用户的搜索请求，都需要使用到文本转换技术。

◇ 3.1 文本的统计特征

在介绍如何将文本转换为词项之前，需要先了解一些文本的统计特征。世界上存在多种语言，但无论是哪种语言，从词频角度看，在描述同一个话题时，会有部分单词（字符）经常出现，表现为在描述该话题时这部分单词（字符）的词频明显高于描述其他类型话题时的词频。不过，也有一些词项在描述任何话题时都是常见的，例如，中文中的"的"和"了"。

3.1.1 词频分布

从统计角度看，文本最明显的特征之一是词频分布非常倾斜。也就是说，极少的词项在文本中高频率出现，而大部分词项的出现频率都很低。以英文为例，在美联社 1989 年新闻报道集（简称 AP89）中，最高频的两个词"the"和"of"

占了所有词出现次数的 10% 左右,词频最高的前 50 个词占据了所有词出现次数的 40% 左右,有近一半的词在 AP89 中仅出现一次,部分统计数据如表 3-1 所示。

表 3-1　AP89 文档集统计数据

AP89 文档集	
总文档	84 678
总的词出现次数	39 749 179
词汇量	198 763
词的出现次数＞1000 次	4169
出现 1 次的词	70 064

20 世纪 40 年代,美国学者 G. K. 齐普夫提出齐普夫定律,很好地描述了这一词频分布定律。定律指出第 r 高频的词的出现次数与 r 成反比,或者说,一个词在词频统计表中的排名乘以它的词频 f 约等于一个常数,如果用 k 来表示这个常数,定律可表示为式(3-1):

$$r \cdot f = k \tag{3-1}$$

对英语文档来说,k 的值大约为 0.1。以 k 为 0.1 做 r 关于 f 的关系图,如图 3-1 所示。

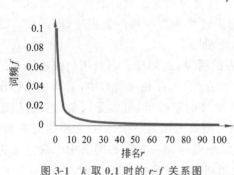

图 3-1　k 取 0.1 时的 r-f 关系图

通过图 3-1 可以直观地看出词频分布的倾斜特征,少数词项占据了文档集中相当大的比例。使用 AP89 语料集验证可以发现,对于排名靠前的单词,齐普夫法则的词频预测还是比较准确的,其 k 值都非常接近 0.1,对于排名较后的单词,则存在较大误差。部分词频统计如表 3-2 所示。

表 3-2　使用 AP89 验证齐普夫法则

词	词　频	r	f	$r \cdot f$
the	2 420 778	1	6.49	0.065
of	1 045 733	2	2.80	0.056
to	968 882	3	2.60	0.078
a	892 429	4	2.39	0.096
and	865 644	5	2.32	0.120
in	847 825	6	2.27	0.140
said	504 593	7	1.35	0.095

续表

词	词 频	r	f	$r \cdot f$
for	363 865	8	0.98	0.078
that	347 072	9	0.93	0.084
was	293 027	10	0.79	0.079
on	291 947	11	0.78	0.086
assistant	5095	1 021	0.013	0.13
sewers	100	17 110	0.000 256	0.04
toothbrush	10	51 555	0.000 025	0.01
hazmat	1	166 945	0.000 002	0.04

3.1.2 关联网页规模估计

对文本统计特征的研究,可以用来更准确地估计出结果集大小,也即,可以通过对用户发出请求的词频分析预估关联网页的规模。这里所说的关联网页,是指包含所有用户请求中词项的网页,属于网页的交集。因为在实际生产中,网页规模巨大,只包含部分请求词项的网页和用户想要的结果关联不大,所以不予考虑。现在假设用户请求中包含两个词项:词项 a 和词项 b,它们在网页中出现的概率彼此独立,使用 $P(a)$,$P(b)$ 分别表示 a、b 词项出现在网页中的概率。那么关联网页出现的概率就简单地等于包含各个查询词的网页出现概率的乘积,如式(3-2)所示:

$$P(a \bigcap b) = P(a) \times P(b) \tag{3-2}$$

使用 N 表示网页总数,$f(a)$ 表示出现 a 词项的网页的频数,则有:

$$P(a) = \frac{f(a)}{N}$$

类似的有:

$$P(b) = \frac{f(b)}{N}$$

$$P(a \bigcap b) = \frac{f(a \bigcap b)}{N}$$

由此可得:

$$f(a \bigcap b) = N \times \frac{f(a)}{N} \times \frac{f(b)}{N} = \frac{f(a) \times f(b)}{N} \tag{3-3}$$

对搜索引擎而言,获取 $f(a)$ 和 $f(b)$ 是非常容易的,它们实际上对应的是倒排索引的表长,因此可以使用式(3-3)估算出用户请求关联网页的数目。不过这种估计方法有一个苛刻的前提,它要求词项出现概率相互独立。实际情况中,某一种语境下的词项有着很强的关联性,本书以 GOV2 语料集为例对组合词项的相关网页规模进行验证性估计,结果如表 3-3 所示。

表 3-3　GOV2 语料集中的部分单词频率与词组频率的估计值与真实值统计

词　项	文档频率	估 计 频 率	词　项	文档频率	估 计 频 率
tropical	120 990	—	tropical breeding	5510	393
fish	1 131 855	—	fish aquarium	9722	1189
aquarium	26 480	—	fish breeding	36 427	3677
breeding	81 885	—	aquarium breeding	1848	86
tropical fish	18 472	5433	tropical fish aquarium	1529	6
tropical aquarium	1921	127	tropical fish breeding	3629	18

从表 3-3 可以明显看出,估计频率值和文档真实频率值差异很大,也就是说,各个词项在网页中出现的概率不独立,因此采用条件概率是较为稳妥的解决方式。对词项 a、b 而言,有条件概率式(3-4):

$$P(a \bigcap b) = P(a) \times P(b \mid a) \tag{3-4}$$

虽然采用条件概率来进行估计误差更小,但是需要知道 $P(b\mid a)$ 的大小,这就意味着一次相关网页的规模估计需要消耗更多的时间,尤其对于三词项、四词项的长查询,还会有更长的时间消耗。所以真实情况下,搜索引擎会采用许多方式对网页结果集的规模估计进行优化,其实也就是对联合概率求取过程的优化。例如,可以记录部分常用词项组合的联合概率,通过直接查表来获取规模数据。而如果要估计没有记录的词项组合的联合概率,则可以使用部分估计整体的思想,只统计部分网页的关联情况来估算 $P(b\mid a)$ 的大小,进而估计出联合概率 $P(a\bigcap b)$ 的大小。

◆ 3.2　停用词去除

停用词去除、词干提取与词素切分

在所有语言中,都包含很多语气词、代词、介词等没有实际意义的功能词。与其他词相比,功能词没有太多含义,如"the""a""an""that""those"。这些功能词通常都是高频词,它们会在网页中频繁出现,最常见的功能词如"the"和"of"几乎在所有英文文本中出现,极其普遍。但也由于它们的普遍性和功能性,这些词无法表达网页的关键信息,对检索基本没什么帮助。

在检索中,对于这类功能词的处理也非常简单。在文本转换过程中,遇到该类型功能词,不做任何处理,直接过滤掉,因此这些功能词也被称为停用词。通过去除停用词,用户检索规模变小,用户可以更快地精确定位到想要检索的网页,极大地提高检索效率。常见的停用词表生成方法有两类,一类是取自身网页集合,通过统计词频分布中的词频排名,将词频最高的前若干词项作为停用词,这种方法较为灵活,对于一些特定领域、特定语境的大规模语料集十分有效;另一种方法就是直接使用第三方提供的权威停用词表,这类方法操作简单,且普适性强,几乎所有情况下都能适用。

不过,停用词去除也有例外,有时候,去除太多的停用词也会损害检索效果,影响用户体验。举一个典型的例子,当查询为"to be or not to be"时,由于全部查询都是由停用词构成,如果全部去除,会导致搜索引擎无法给出匹配的相关网页。所以,这个类型需要单独处理。

3.3 词干提取

词干提取是指获得一个词不同变体之间关系的文本转换过程。更准确地讲,词干提取将一个词由于变形或者派生产生的多种不同形式转换为一个共同的词干,在其他参考资料中,词干也称作叫词根。词形还原是和词干提取非常类似的文本转换方法,它是一种将词汇还原为一般形式的方法。

在中文文本中,很少涉及词干提取,但是英文中,由于各种动词的时态、语态,名词的单数复数,以及各类词缀的存在,词干提取是很有必要的。例如,当用户使用"run"进行检索时,搜索引擎应该返回所有包含"ran""running""runs"等"run"的衍生词的网页,也就是说,"run""ran""running""runs"都会被统一为"run"这一个词项被记录。需要注意的是,词干提取有时并不关心最终提取出的词干是不是该词的原型(是否可以完整表达语义),只要转换后的结果可以用于检索,并提高检索效率,就可以评价此次词丁提取是成功的。明白这一点对于理解词干提取器在处理一些单词变形不规则的情况时很有帮助。

目前,词干提取器大致分为两种:基于规则的词干提取器和基于词典的词干提取器。基于规则的词干提取器通常基于特定语言词缀知识,使用一个有穷自动机来判断两个词是否相关。基于词典的词干提取器不依靠推理判断,而是依赖预先构建的相关词语的词典来判断词语是否具有相同词干。

3.3.1 基于规则的词干提取

首先举一个最简单的基于规则的词干提取的例子以便于对一些概念进行解释。假设现在有一个基于规则的英语词干提取器,它认为所有后缀为"s"的单词都是复数形式,它们的词根都是去掉"s"的形式。这个词干提取器可以在一些情况下很好地工作,例如,判断"cakes"和"cake"一致,"dogs"和"dog"一致,这属于真正例。不过,这个规则显然不能发现如"century"和"centuries"等以"ies"结尾形式的复数名词,这类错误称为假负例。同时,这个词干提取器还会误判一些不存在的关系,如"I"和"is",这类错误称为假正例。如果真实的两个单词没有关系,词干提取器也判断二者无关,这类就归属于真负例。

进一步,给出精确率和召回率的定义,也可以称二者为查准率和查全率。其中,查准率(精确率)指真正例占所有正例的比例,查全率(召回率)指真正例占真正例和假负例总和的比例。可以使用查全率和查准率来衡量文本转换模块的好坏。查全率和查准率越高,文本转换模块就越好,具体计算在第 7 章中介绍。

Porter 词干提取器是一个非常有名且利于理解的英文词干提取器,它是由 Porter 在 1980 年设计的,共分为 5 个主要步骤,运用 9 组规则,最长的一组规则也只包含 20 条,它对于复数的处理规则组如图 3-2 所示。

在处理时,提取器会将待处理词项的后缀与规则左侧做

```
sses→ss
ies→i
ss→ss
s→
```

图 3-2 Porter 词干提取对于
复数的处理规则

匹配。如果后缀匹配成功,则使用右侧字符代替左侧完成处理,停止进行规则匹配,如果不满足第一条规则,会依次使用第二条、第三条规则进行匹配。例如,应用复数处理规则中的第一条规则,"caresses"将会被重写成"caress";应用第二条规则,"ponies"将会被重写为"poni";第三条规则看上去似乎是多余的,但是实际上它能够阻止那些具有"ss"后缀但不是复数的词(如"caress,class")被第四条规则重写;最后一条规则就是将如"cats"类型的复数形式重写为"cat"的形式。更详细的词干提取规则请前往 Porter 词干提取器官网查阅。图 3-3 展示了著名戏剧《哈姆雷特》中的独白开场部分在使用了 Porter 词干提取器前后的对比。

To be, or not to be: that is the question:Whether 'tis nobler in the mind to suffer. The slings and arrows of outrageous fortune, Or to take arms against a sea of troubles, And by opposing end then? To die: to sleep;No more; and by a sleep to say we end The heart-ache and the thousand natural shocks That flesh is heir to, 'tis a consummation Devoutly to be wish'd. To die, to sleep;To sleep: perchance to dream: ay, there's thc rub;

(a) 原文

to be or not to be that is the question whether tis nobler in the mind to suffer the slings and arrows of outrageous fortune or to take arms against a sea of troubles and by opposing end them to die to sleep no more and by a sleep to say we end the heart ache and the thousand natural shocks that fesh is heir to tis a consummation devoutly to be wish d to die to sleep to sleep perchance to dream ay there s the rub

(b) 规范化后

to be or not to be that is the question whether ti nobler in the mind to suffer the sling and arrow of outrag fortun or to take arm against a sea of troubl and by oppos end them to die to sleep no more and by a sleep to sai we end the heart ach and the thousand natur shock that flesh is heir to ti a consumm devoutli to be wish d to die to sleep to sleep perchanc to dream ay there s the rub

(c) 词干提取后

图 3-3 《哈姆雷特》片段的词干提取实例

在使用词干提取器之前,需要先对文本进行简单处理,去除标点符号并对字母大小写进行统一。对比原文和提取结果,仔细观察就会发现,词干提取后产生了不是单词原型(词典形式)的词项。例如,"troubles"词干提取结果为"troubl",不过这些词项对用户来说是不可见的,且能够用于正确索引,不会产生歧义。但是 Porter 词干提取器还是会有假正例和假负例的情况,如认定"organization"和"organ"相关,认定"european"和"europe"不相关,更多假正例和假负例请查看表 3-4,这些错误会直接影响到搜索引擎的查全率和查准率,造成不好的用户体验。

表 3-4　早期 Porter 词干提取的部分假正例和假负例

假　正　例	假　负　例	假　正　例	假　负　例
organization/organ	european/europe	negligible/negligent	useful/usefully
generalization/generic	cylinder/cylindrical	execute/executive	noise/noisy
numerical/numerous	urgency/urgent	ignore/ignorant	sparse/sparsity
policy/police	urgency/urgent	ignore/ignorant	sparse/sparsity
university/universe	create/creation	special/specialized	resolve/resolution
addition/additive	analysis/analyses	head/heading	triangle/triangular

为了解决上述错误,需要重新对词干提取的规则组进行改进,但是这些规则在应用的时候,还是无法很好地避免冲突,需要额外指定特例才可以。新一版的 Porter2 词干提取器就是以此为出发点设计的,相较于第一代 Porter 词干提取,第二代纠正了第一代的部分假例,效果更好。

3.3.2　基于词典的词干提取

基于词典的词干提取器则是从另一个角度来对相同词根的词语之间的联系进行判断。通过一个词典来存储相关词的列表,而不是尝试使用规则推断来发现词语之间的关联。对于已经记入词典的单词而言,不存在判断错误的情况,但是,词典不能无限长,随着语言的不断发展,有许多新词被创造出来。也就是说,词典不可能完全覆盖所有词语,这也是基于词典的词干提取的缺点。而且人工更新词典也非常麻烦。所以,如何自动提取词干、更新词典也有很大的研究价值。

当然还有折中的处理办法,可以采用基于规则和基于词典的混合策略词干提取器。对于词典范围内的词语,采用词典提取,对于陌生的新单词,则依照规则处理,二者结合共同完成词干提取工作。

3.3.3　对比词干提取和词形还原

1. 词干提取和词形还原的相似点

(1) 目标一致。词干提取和词形还原的目标均为将词的派生形态简化或归并为词干或原形的基础形式,都是一种对词的不同形态的统一归并过程。

(2) 结果部分交叉。词干提取和词形还原不是互斥关系,其结果是有部分交叉的。一部分词基于这两类方法都能达到相同的词形转换效果。例如,"dogs"的词干为"dog",其原形也为"dog"。

(3) 主流实现方法类似。目前实现词干提取和词形还原的主流实现方法均是利用语言中存在的规则,或利用词典映射提取词干获得词的原形。

(4) 应用领域相似。主要应用于信息检索和文本、自然语言处理等方面,二者均是这些应用的基本步骤。

2. 词干提取和词形还原的不同点

（1）在原理上，词干提取主要是采用"缩减"的方法，将词转换为词干，如将"cats"处理为"cat"，将"effective"处理为"effect"。而词形还原主要采用"转变"的方法，将词转变为其原形，如将"drove"处理为"drive"，将"driving"处理为"drive"。

（2）在复杂性上，词干提取方法相对简单，词形还原则需要返回词的原形，需要对词形进行分析，不仅要进行词缀的转换，还要进行词性识别，区分相同词形但原形不同的词的差别。词性标注的准确率也直接影响词形还原的准确率，因此，词形还原更为复杂。

（3）在实现方法上，虽然词干提取和词形还原实现的主流方法类似，但二者在具体实现上各有侧重。词干提取的实现方法主要利用规则变化进行词缀的去除和缩减，从而达到词的简化效果。词形还原则相对较复杂，有复杂的形态变化，单纯依据规则无法很好地完成。其更依赖于词典，进行词形变化和原形的映射，生成词典中的有效词。

（4）在结果上，词干提取和词形还原也有部分区别。词干提取的结果可能并不是完整的、具有意义的词，而只是词的一部分，如"revival"词干提取的结果为"reviv"，"airliner"词干提取的结果为"airlin"。而经词形还原处理后获得的结果是具有一定意义的、完整的词，一般为词典中的有效词。

（5）在应用领域上，同样各有侧重。虽然二者均被应用于信息检索和文本处理中，但侧重不同。词干提取更多被应用于信息检索领域，如 Solr、Lucene 等，用于扩展检索，粒度较粗。词形还原更主要被应用于文本挖掘、自然语言处理，用于更细粒度、更为准确的文本分析和表达。

◈ 3.4　词素切分

虽然中文网页不需要考虑时态语态的问题，但是中文词汇不像英文词汇一样以空格自然分割，中文词汇大多是由两个或两个以上的汉字组成，并且连续书写成语句。这导致中文网页在文本转换阶段需要将整句切割成小的片段才能继续进行处理。不过，这也不是说英文网页不需要词素切分处理，英语中也同样存在短语，也需要进一步进行词素切分，词素切分处理后，可以更精确地将用户检索请求和网页进行匹配。假如不进行词素切分，以单词作为词项进行检索，搜索引擎也能正常工作。但是，对于中文这类无明显分隔符且同一个字在不同词语中的含义差别很大的语言来说，以单独某个字进行检索请求和相关网页的匹配在大多数情况下显然不能满足用户的需求，所以如何合理切分词项需要重点考虑。在本书中主要介绍三类词素切分方法：基于字符串匹配的词素切分方法、基于统计的词素切分方法和 N 元串。其中，前两者主要针对中文文本进行词素切分处理，而 N 元串则是针对英文文本进行词素切分处理。

3.4.1　基于字符串匹配的词素切分方法

这种方法又称为机械分词方法，它是按照一定的策略将待分析的中文文本与一个充分大的词典进行匹配，若在词典中找到某个字符串，则记一次成功匹配，进行一次切分。

这种词素切分方法的准确性在很大程度上取决于词典的完整性。按照扫描方向的不同，串匹配词素切分方法可以分为正向匹配和逆向匹配；按照不同长度优先匹配的情况，可以分为最大或最长匹配、最小或最短匹配；按照是否与词性标注过程相结合，又可以分为单纯词素切分方法、词素切分与标注相结合的一体化方法。

根据汉语特点结合实践检验表明，最小匹配的实用效果很差，一般不被使用，仅划分为一个类别。常用的几种机械分词方法有正向最大匹配、逆向最大匹配、最少切分等。以文本"研究生命的起源"举例，词典内容如下。

〔研究　研究生　生命　命　的　起源〕

如果以正向最大匹配进行分词，分词结果为

研究生\命\的\起源

如果以逆向最大匹配进行分词，分词结果为

研究\生命\的\起源

目前应用比较广泛的一款中文分词是 jieba 分词库，使用的是一种正向匹配的词素切分算法，其分词原则不是最大匹配，也不是最小匹配，而是根据最大概率路径来决定如何分词。

jieba 分词通过将语句转换为一个有向无环图，求该有向无环图的最大概率路径来决定如何切分。以"去北京大学玩"为例，作为待分词的输入文本，首先查询前缀词典，图 3-4 列出了相关词语的前缀词典所在行。

其中，第一列表示前缀，第二列即为概率，值越大越趋向于使用该种切分方式，通过查找出的部分前缀词典，构建出语句对应的有向图：将所有在前缀词典中出现的且字符长度大于或等于 2 的前缀使用一条有向边相连，起点为前缀头，指向前缀尾，边的权重即为概率，最终得到如图 3-5 所示有向无环图。

```
        ......
北京大学      2053
北京大       0
大学         20025
去          123402
玩          4207
北京         34488
北          17860
京          6583
大          144099
学          17482
        ......
```

图 3-4　前缀词典

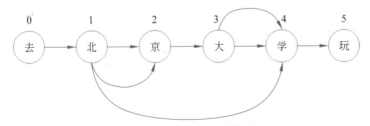

图 3-5　有向无环图的构建

从图 3-5 中可以发现这张图形成了从起点"去"至终点"玩"的数条通路，通过计算每条路径的概率，从中选出一条最大概率路径作为最终的分词方式，对本例来说，最佳的分词方式为：

去\北京\大学\玩

除此之外，jieba 分词在时间空间复杂度上都进行了深度优化，使得在实际处理时效率更高。

3.4.2 基于统计的词素切分方法

从形式上看,词是稳定的字的组合。基于统计的词素切分方法,是指通过对大量的页面内容进行统计分析,计算字词之间相邻出现的概率,依照字词相邻出现的概率大小进行分词的方法。如果某几个字相邻出现的概率很大,就有可能形成一个单词,这种分词的优势在于对新出现的词反应更加快速。通过对语料中相邻共现的各个字组合的频度进行统计,计算它们的互现信息。如在某中文文本库中,计算汉字 X 和 Y 的互现信息如式(3-5):

$$M(X,Y) = \log \frac{P(X,Y)}{P(X) \times P(Y)} \tag{3-5}$$

其中,$P(X,Y)$ 表示汉字 X、Y 的共现概率,$P(X)$、$P(Y)$ 分别是 X、Y 在文本中各自的出现概率,M 值越高代表 X、Y 的关系越紧密。当紧密程度高于某一个阈值时,便可认为此字组可能构成了一个词。相比于基于字符串匹配的词素切分方法,这种方法只需对语料中汉字组合的频数进行统计,不需要词典。但这种方法也有一定的局限性,对一些常用词的识别精度低于匹配法词素切分的精度,且时空开销大。所以在实际应用中,常见词语的词素切分处理主要还是依靠词典匹配来完成,在面对新词时,才会考虑使用基于统计的词素切分方法对新词进行处理。

通过两种方法的结合,既可以发挥词典词素切分速度快、效率高的特点,又利用了统计方法词素切分结合上下文识别生词、自动消除歧义的优点。

3.4.3 英文词素切分(N 元串)

在英文网页中,词素切分同样重要,如果使用短语作为词项进行检索相比于直接使用多个单词进行检索效果更好。一方面,与单词相比,短语的歧义少;另一方面,使用短语作为词项,查询效率更高。

随着词素切分技术的发展,也出现了多种英文短语的切分方式。最先想到的就是利用语法中早就存在的"短语"的概念,通过将语句中语法定义的短语作为词项进行检索,符合人们的自然思维,是比较合理的方式之一。

在实际应用中,通常将短语的定义进行一定限缩,限定为包含若干名词的名词短语和形容词加名词类型的短语,相比于语法中定义的短语,范围要小一些。这些类型的标准短语特征明显,利于机器识别,同时可以显著避免用户检索请求产生的歧义。

可以基于词性标注器(Part-Of-Speech tagger,POS)对标准短语进行识别。词性标注是自然语言处理领域相关的技术,根据上下文信息对文本中的每一个词赋予一个词性标签,如名词、动词、形容词等。在英语中,同一个单词有不同意义、多种词性。如句子:

Will Will will the will to Will?

(可译为:Will 将会想把遗嘱给 Will 吗?)

句中"will"具有多重含义。和词素切分技术类似,词性标注也可以分为基于规则或基于统计两大类方法,不过都需要使用人工标注的大规模语料进行训练。一般的词性标记包括 NN(单数名词)、NNS(复数名词)、VB(动词)、VBD(动词,过去时)、VBN(动词,过去分词)、IN(介词)、J(形容词)、CC(连词)、PRP(代词)和 MD(情态助词)。常用的词性标注器如 Brill 标注器,这些词性标注器不仅可以作为词素切分的辅助手段,还有诸多应用场景,如词义消歧、规范化和词形还原、停用词去除等。

虽然使用标准短语作为词项进行词素切分非常有效,且符合人们的自然逻辑,但是总的来讲,当面对互联网上的超大规模网页集时,词性标注器的训练作为短语建立索引的启动步骤,其训练速度慢的缺点就暴露无遗。所以,一种比标准短语更简单、更快且二者效果相差无几的方法被提出。采用了一种更简单的短语定义规则:N 元串。在第 2 章网络爬虫中的网页去重部分,使用 N 元串制作网页指纹,也应用到了相关知识。N 元串的标准非常宽松,任何 N 个相邻的词序列均可以被称为 N 元串,两个词相邻,就称二元串,三个词相邻则称三元串。选定 N 值后,做一个 N 长的窗口,窗口内的字符串即为一个 N 元串,每次只移动一个字符,也就是说,N 元串是互相重叠的。相比于标准短语,N 元串跳过了词性标注的过程,虽然会产生更多的词项,但是有很高的处理效率。图 3-6 展示了一段文本与对应生成的三元串结果。联系之前在 3.1 节文本统计特征中提到的词频分布的倾斜特征可以知道,常见的词项总是占少数,大部分都只出现一次,甚至有实验表明,N 元串比单个词语更符合齐普夫法则。因此只需要设置合理的过滤条件,就可以直接得到常见的 N 元串,后面就与标准短语一样,建立索引即可。不过 N 元串也有缺点,最大的缺点就是规模问题,在过滤之前,N 元串会极大地占用磁盘空间,同时大规模 N 元串的排序也是比较耗时的操作。尽管如此,N 元串还是要优于使用标准短语的词素切分方法。

Tropical fish include fish found in tropical environments around the world, including both freshwater and salt water species.

(a) 原始文本

tropical fish include, fish include fish, include fish found, fish found in, found in tropical, in tropical environments, tropical environments around, environments around the, around the world, the world including, world including both, including both freshwater, both freshwater and, freshwater and salt, and salt water, salt water species

(b) 文本三元串

图 3-6　三元串

◆ 3.5　文本转换的困难

由于语言的复杂性,真实情况中,将文本转换为词项的过程中还会受到如大小写、标点符号、同近义词、二义词等的影响,使得词语和词项的对应关系有可能成为多对一或者一对多的矛盾情况。

1. 大小写

繁简体和大小写在许多语言中都存在,如英文中的"A"和"a",中文中的"发财"和"發财"，虽然它们写法不同，在字符集中也使用不同的编码，但是在大部分情况下，都具有相同的含义。对用户而言，在搜索"engine"时同样也希望看到包含"Engine""ENGINE"这些词项的网页。在这种情况下，大小写不会影响词语的意义，应该将词语的大小写进行规范化，统一转换为一种格式，这也体现了文本转换换将词语转换为更一致的索引项的原则，不过也有例外，例如，"China"和"china"就分别对应"中国"和"瓷器"两个含义，在这种情况下，改变大小写会改变词语的原义，需要注意。

2. 标点符号

标点作为文本的辅助符号，通常用来表示停顿、语气等，没有实际意义。而搜索引擎也不需要关心用户在搜索时是什么心情，所以标点在文本转换中只是起有限的辅助分词的作用。一般情况下，可以安全地过滤掉标点或者替换为统一的空白占位符，但是也存在着一些的特例，英文中，一些特定的标点符号出现在许多缩写简写中。例如，"I'll""it's"中的撇号，合理的分词是"I will"和"it is"，如果过滤掉标点，就会造成错误"I ll"和"it s"。类似地还有"o'clock"这类单词以及部分"U.S."一类的英文缩写，还有一部分专有名词如"C++""C＃"，都需要单独进行处理，否则查询结果会完全背离用户预想的查询内容。

3. 同近义词和二义词

有些词语虽然不同，但是它们应该对应同一个词项，而还有的词语在不同的文本中有着不同的含义，应该对应到各自的词项上。在所有语言中，都存在大量同近义词和同词异义的情况。例如，"话筒"等同"麦克风"，但是对于计算机而言，要认识到"话筒"和"麦克风"指代同一类物品是一件复杂的事情。同样地，在英语中类似的例子还有"road"和"way"等，这和时态语态不同，时态语态可以通过词干提取解决而同近义词不可以。除了同近义词，还有同词异义，例如"中国"，除了有中华人民共和国的意思之外，还可以指代中原地区，例如"若能以吴越之众于中国抗衡，不如早与之绝"（《赤壁之战》）。

以上问题或单独出现，也可能组合出现，为了解决这些问题，有学者提出了一种简单的启发式方法——双路索引，就是对于每个词语，都统计文本转换后和原始词语使用不同的字符表示，分别记录文本转换前和文本转换后两个列表，如果转换前后词语不变，则只记录一个列表。例如，缩略语"US"的每一次出现位置都会被记录两次，一张"us"表，一张"US"表，而代词"us"的出现位置只记录在一个"us"的列表中。包含词项"us"的查询只会使用第一个列表来处理，包含词项"US"的查询将用第二个列表来处理。这样就可以将"us"和"US"区分开来了。

◆ 3.6　文本的向量化表示

文本向量化表示

文本向量化，顾名思义就是将文本变成一个向量。在尽可能不丢失原始文本信息的情况下，将文本变成可以计算的向量。对于计算机而言，向量运算要比字符串处理更方便，效率更高。向量化后的文本在进行文本分类、相似度匹配等多种后续工作时，比文本有更大的优势。文本向量化的方法主要分为离散表示和分布式表示两类。典型的离散表示法如词集模型、词袋模型。分布式表示的代表性方法有 Google 的开源项目——Word2Vec。离散表示的向量化方法使用起来简单快捷,但是数据稀疏、耗时耗空间、不能很好地展示词与词之间的相似关系。分布式表示相比于离散表示,使用更低维度的稠密向量对每一个单词进行表示,并且考虑到了词之间存在的相似关系。

3.6.1　离散表示

本节首先介绍文本的离散表示,离散表示是一种基于规则和统计的向量化方式,每个词项都代表一维。下面以经典的 One-Hot 编码为例介绍离散表示。首先构造一个词表,假设词表长度只有 7,词表表示为

$$[小明\ 小红\ 爬山\ 跑步\ 又\ 今天\ 昨天]$$

对于每个词,词向量的维度都是词表的大小,每个单词所在词典序号维度填 1,其他维度均填 0。也就是:

$$小明:[1, 0, 0, 0, 0, 0, 0]$$
$$小红:[0, 1, 0, 0, 0, 0, 0]$$
$$爬山:[0, 0, 1, 0, 0, 0, 0]$$
$$\cdots$$
$$昨天:[0, 0, 0, 0, 0, 0, 1]$$

句子、段落的离散化表示只需要将所有出现的单词所在词典序号的维度置为 1,将其余维置为 0 即可。

"小明 今天 爬山"	→$[1, 0, 1, 0, 0, 1, 0]$
"小红 昨天 跑步"	→$[0, 1, 0, 1, 0, 0, 1]$
"小红 今天 又 爬山 又 跑步"	→$[0, 1, 1, 1, 1, 1, 0]$

可以看出 One-Hot 编码并没有考虑到词频的问题,我们在 One-Hot 编码上稍微做一点优化,表示句子、段落时将所有出现的单词所在词典序号的维度置为该单词出现的次数,将其余维度置为 0,就是所谓的词袋模型。在词袋模型的基础上,结合 TF-IDF 算法[①],可以解决单词重要性的向量表示问题。结合 N 元串分词方法,可以解决单词上下文语境的表示问题。但是真实情况中,词项要多得多,每个单词都要使用数千上万维的稀疏向量进行表示,对存储空间是一种极大的浪费。解决数据稀疏,处理耗时耗空间、词表过长的问题很有必要。

3.6.2　分布式表示

文本的分布式表示的提出就是针对解决文本离散表示数据稀疏的问题。分布式表示中每个词会根据上下文将词向量从高维映射到一个低维度、稠密的向量上,采用多大维度的向量由人为指定,非常灵活。在构成的向量空间中,每个词的含义都可以用周边的词来表示,既减小了词向量的维度,还考虑到了词之间存在的相似关系。常用的方法包括:基于矩阵的分布表示、基于聚类的分布表示、基于神经网络的分布表示。如图 3-7 所示就是

---

①　一种评估每个词项在一个文件集中的某一份文件的重要程度的算法。

一种基于神经网络的文本分布式表示方法,具体表示方式在第 6 章中具体介绍。

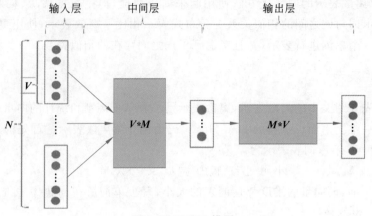

图 3-7　CBOW 模型

◇ 小　结

　　本章以文本的统计特征为切入点,介绍了文本转换的四大步骤:停用词去除、词干提取、词素切分以及文本向量化。其中,停用词去除是指过滤掉没有实际意义且频繁在网页中出现的词项,以提升检索效率;词干提取是指将存在时态语态以及单复数形式的词语处理为统一的词典形式的过程;词素切分是指利用标点、空格等天然分隔符以及许多其他方法将整块文本划分为若干短语;文本向量化是指通过离散表示或分布式表示,将文本转换为便于计算机处理的向量。

◇ 习　题

　　1. 下列关于文本处理的说法错误的是(　　　)。
　　　A. 获得文本后,要决定是否处理这些文本,以简化搜索的过程
　　　B. 文本处理的目的就是去除没有用的信息
　　　C. 通过文本处理之后的数据会转换成统一的格式,方便构建索引
　　　D. 文本处理包括停用词去除、去除标点等操作

　　2. 文本解析不包括下面的哪个方法?(　　　)
　　　A. 词素切分
　　　B. 词法分析
　　　C. 语法分析
　　　D. 结构分析

　　3. 关于词素切分说法错误的是(　　　)。
　　　A. 标点处可以直接进行切分
　　　B. 是从文档中的字符序列中获取词的过程

C. 中文分词通常比英文分词更困难

D. 通常的词素切分的思路是二次扫描

4. 关于停用词去除说法错误的是(　　)。

A. 对于英文中一些词如"to""or"可以直接去除

B. 停用词都是高频、无意义的词,影响处理速度

C. 可以通过算法来计算词频以及重要度,从而构建停用词表

D. 如果需要处理停用词,可以仅去除查询输入中的停用词

5. 词干提取的三种方法不包括(　　)。

A. 规则演算方法

B. 两遍遍历法

C. 基于词典方法

D. 规则与词典结合方式

6. 文本表示方法包含哪两个问题?

It was the best of times。

It was the worst of times。

It was the age of wisdom。

It was the age of foolishness。

```
Dictionary={"it","was","the","best","of","times","worst","age","wisdom",
"foolishness"}
```

索 引 创 建

本章学习目标

- 掌握索引建立、索引插入的策略。
- 了解索引删除、索引修改的方法。
- 掌握查询处理的两种方法。
- 了解如何对查询处理进行优化。

索引创建是搜索引擎的关键环节,从处理步骤的角度看需要完成两个任务,一是索引建立任务,将文本转换后的词项与网页建立联系;二是查询处理任务,即使用第一阶段任务所建立的索引完成用户查询请求。

索引建立是建立词典、倒排索引的过程。考虑到网页的更新,建立索引过程应包含首次建立和后续更新两大部分,相较于倒排索引的更新和建立,词典的建立更新较为简单,所以本书更侧重于介绍倒排索引如何建立和更新。

查询处理是使用用户输入进行搜索的词项查询索引的过程。查询处理的流程大致为:先使用词典查询到待搜索词项在倒排索引中的位置,再根据倒排索引中查询对应词项在哪些网页中出现以及相关信息,将网页汇总,按照一定策略进行排序后,顺序返回给用户,完成一次查询处理。

在一些情况下,索引建立和查询处理两个阶段是互补的,如果在索引阶段提前处理一些工作,就能节约相应的查询处理阶段的时间。

倒排索引、
倒排列表

◇ 4.1 索引相关定义

4.1.1 单词-文档矩阵

单词-文档矩阵是一张可以表达词项与文档关系的二维表,在文本转换一章中有关文本向量化表示的介绍里,就间接提到了单词-文档矩阵的概念。通过扫描文档集,将所有在文档中出现的单词,在该文档和对应词项行列相交的单元格内记上"√",如表 4-1 所示。其中,每一行代表一个词项,对于单词 2 来说,文档 2 和文档 4 中出现过单词 2,其他文档不包含单词 2;每一列代表一个文档,如文档 1 包含单词 4 和单词 5,而不包含其他单词。类似这样构成的二维关系表就称为单词-文档矩阵。搜索引擎中词典加倒排索引的结构其实就是一种单词-文档矩阵的具体实现,此外还有多种单词-文档矩阵的实现方式,如签名文件和后缀树。但各项实验数据表明,词典加倒排索引结构是单词到文档映射关系的最佳实现方式,也是本章的主要内容。

表 4-1　单词文档矩阵

	文档 1	文档 2	文档 3	文档 4	文档 5
单词 1			√		√
单词 2		√		√	
单词 3		√	√		
单词 4	√			√	√
单词 5	√			√	
单词 6		√			√

4.1.2　单词词典

单词词典是集中管理文档集词项的核心数据结构,它的作用是提供词项和词项的倒排索引表地址之间的对应关系。在索引建立阶段,词典的查找功能使搜索引擎很快就能获得每个词项的倒排列表在内存中的地址,协助完成索引建立工作,同时在出现新词项时新建相应词项记录。在查询处理阶段,同样需要词典来定位待查询词项在倒排索引中的位置。

基本的词典结构需要支持以下操作。

(1)插入词项的新记录。

(2)查找并返回词项的记录。

对应到索引建立中,需要使用操作 1 和操作 2,在查询处理中,使用操作 2。此外,部分搜索引擎的词典结构还支持前缀查询,对应操作 3,前缀查询也是常见的查询需求。

(3)查找并返回某前缀的若干词项记录。

在大规模文档集的处理中,所对应索引中的词典所占存储空间比例其实非常小,文档集越大,占比就越小。但是却需要频繁使用操作 1 和操作 2,因此使用支持高效插入和查找的数据结构实现词典很有必要。

常见的词典实现有哈希实现和 B 树(或 B+树)实现。图 4-1 是一个基于哈希的词典示意图。该词典实现主要由两部分组成:哈希表与冲突链表。在哈希表中,每个哈希值对应一个冲突链表的指针。在冲突链表中,则对应存储词项信息,如对应词项在倒排索引中的位置。每个词项的哈希值如果与其他词项不同,则冲突链表只对应一条词项信息记录。如果有多个词项哈希值相同,则依次连接到冲突链表中,以供查找。哈希实现的词典可以高效支持操作 1 和操作 2,不过无法有效支持操作 3,想要完成操作 3 只能完整地线性扫描一遍词典,效率很低。

另一种词典的实现方式是 B 树实现,如图 4-2 所示。B 树实现的词典采用层级查找结构,词典树的中间结点可指出待查询词项存储在哪个子树中,起到快速查询的作用,叶

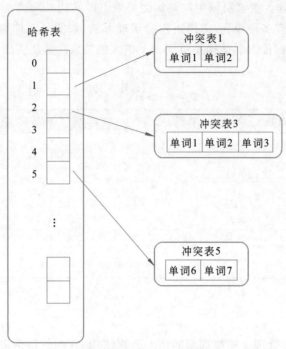

图 4-1　哈希十链表的词典实现

子结点则对应存储词项信息。相较于基于哈希实现的词典,B 树实现的词典对操作 1 和操作 2 的执行效率略低,但是可以很好地支持操作 3,也是使用非常广泛的词典实现。

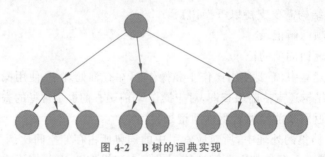

图 4-2　B 树的词典实现

4.1.3　倒排索引相关概念

1. 文档

在搜索引擎领域,文档的含义有很大扩展,寻常意义的文档指代大段的文字内容,如 Word 文档等,而在搜索引擎中,文档还包括 HTML 网页、邮件、微博等互联网上一切可访问的文字内容。

2. 文档集

文档集由若干文档的集合构成,有时也称文档集为网页集。在搜索引擎领域,文档集一般指代某一时间内互联网中包含的部分或全部文档,如本章中用作测试的 GOV2 文档集,就是 2004 年对.gov 域名下爬取到的文档集合,其中 HTML 页面占绝大部分。

3. 文档编号

为了便于建立索引和处理查询,搜索引擎内部会给每个文档进行编号,以编号来唯一标识文档。相比文档本身,使用文档编号表示占用内存更小,查询效率更高。在本章中使用 DocID 表示。

4. 词项编号

类比文档编号,词项编号同样是为了加快建立索引和查询处理效率而存在的,唯一标识此项的标号。在本章中使用 TermID 表示。

5. 倒排索引项

一条包含文档编号和词项编号对应信息的记录,称为倒排索引项。此外,倒排索引项还可以选择性记录该词项在对应文档中的 TF-IDF 值、词频、出现位置等信息,如图 4-3 所示。

图 4-3　倒排索引和词典的构成

6. 倒排列表

倒排列表由若干倒排索引项构成,是将词项编号相同的倒排索引项依一定次序组织起来,用以表示某个词项关于所有文档对应信息的结构,如图 4-3 所示。

7. 倒排索引

倒排索引也叫位置信息列表,是用来描述所有词项在文档中出现情况的数据结构,如图 4-3 所示,通常会搭配单词词典共同使用。倒排索引由若干倒排列表构成,同时倒排索引中还会选择性地记录网页的 PageRank 值、网页 URL 等拓展信息。在一些参考资料中,也把这部分选择性记录的内容单独划分,命名为文档结构图,文档结构图也属于倒排索引。具体倒排索引项与词典的构成如图 4-3 所示。一般情况下,倒排索引非常庞大,是索引的主要组成部分,通常都存储在外存中,只有在处理查询时,才将对应词项的部分倒排列表加载到内存中去。

4.1.4 倒排索引简单实例

为了进一步认识倒排索引,方便读者理解倒排索引如何建立和更新,以表 4-2 中的文档集为例,构建一个简单的倒排索引实例。

表 4-2 实例文档集

文档编号	文 档 内 容
1	谷歌地图之父跳槽 Facebook
2	谷歌地图之父加盟 Facebook
3	谷歌地图创始人拉斯离开谷歌加盟 Facebook
4	谷歌地图之父跳槽 Facebook 与 Wave 项目取消有关
5	谷歌地图之父拉斯加盟社交网站 Facebook

文档集内共 5 篇内容,每篇文档的文档编号在左侧标出,右侧为文档内容。首先将文档内容进行分词处理,将分词结果计入单词词典,每个分词结构都对应唯一一个词项编号,重复词项不记录。分词处理结束后,单词词典的构建也同步完成,然后从头遍历文档集,将单词词典中每个词项对应的倒排列表填充完整。例如,对于词项"谷歌"在文档 1、2、3、4、5 中均出现,那么就在它的倒排列表中计入上述文档编号。最终得到该文档集对应倒排索引如表 4-3 所示。

表 4-3 实例倒排索引

词项编号	词 项	倒 排 列 表	词项编号	词 项	倒 排 列 表
1	谷歌	1,2,3,4,5	9	离开	3
2	地图	1,2,3,4,5	10	与	4
3	之父	1,2,4,5	11	Wave	4
4	跳槽	1,4	12	项目	4
5	Facebook	1,2,3,4,5	13	取消	4
6	加盟	2,3,5	14	有关	4
7	创始人	3	15	社交	5
8	拉斯	3,5	16	网站	5

根据倒排索引,搜索引擎就可以快速完成查询处理工作。例如,用户搜索"跳槽"相关文档时,就可以返回"跳槽"对应倒排列表内记录的文档编号,也就是文档 1 和文档 4。

建立索引
的三种
方法

◆ 4.2 索引的建立

如果索引结构建立好了,可以极大地提高搜索的速度。如何快速高效建立索引,是搜索引擎关注的重点问题。本章介绍三种有代表性的索引建立方法:两遍文档遍历法、排序法、归并法。抽象来看,索引建立就是将文档集每个词项组合文档编号后的二元组序列重新排列组合的过程,因为只有按照词项进行分组,在处理查询时,才能快速查得对应词项的关联文档。在顺序扫描文档集时,二元组序列一定会依照文档编号排列,因此只需要将该二元组序列以词项为序重新排列即可。考虑到处理数据规模和性能要求,如果直接在倒排索引中存储词项本身,固然可以将查询处理的两步查询减少为一步查询,但是一部分词项本身又非常长,在倒排索引中重复记录显然会造成极大的浪费,越长的词项,以词项编号记录,结合词典进行查询处理的优势就越大。索引建立的任务就是在已有的数据结构的基础上,进行更细致、更适合倒排索引的优化,以达到处理数据规模和性能的要求。

4.2.1 两遍文档遍历法

如图 4-4 所示,两遍文档遍历法的索引表全部在内存中完成构建,这也导致这种方法能处理的文档集规模很小。

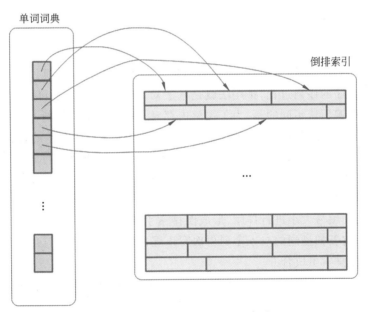

图 4-4 两遍文档遍历法建立索引

第一遍扫描的主要目的是获得文档集的统计信息,并根据统计信息分配内存,做好资源准备工作。例如,当前文档集内包含的文档数量、当前词项数量和各词项在一篇文档内的词频以及文档集内的总词频,都是第一遍文档扫描需要统计的信息。通过统计信息计算每个词项对应的倒排列表所需内存大小以及索引建立最终所需的内存大小,并使用单词词典记录出现过的每个词项和分配给该词项内存开始位置的指针。

第二遍扫描时,利用第一遍扫描获得的统计信息,为每个词项建立倒排列表。当一个词项被扫描之后,可以通过指针定位到第一遍扫描时预留给该词项的空间,将这个词项所在文档编号记录到内存,然后继续进行文档扫描,不断填充第一遍扫描所分配的内存空间。当第二遍文档遍历结束后,所有词项的倒排列表刚好被填满,索引建立完成。

第二遍扫描完成后,根据具体情况,可以选择将索引常驻内存,或者统一写入外存。对于可以直接使用两遍文档遍历法构建索引的文档集,其索引也通常不会太大,可以选择常驻内存。但是真实情况中,索引普遍较长,选择写入外存比较现实。

两次扫描文档集使得索引时间效率减半,但是由于第一遍扫描得到了各词项的统计信息,可以直接采用定长数组来记录倒排列表,考虑到内存容量的限制,定长数组有着很高的空间利用率,比较可取。如果没有第一遍扫描,倒排列表中各词项所在文档编号的数量信息未知,同样也可以实现一遍文档遍历构建索引,通过链表的形式来记录,以指针串联组织词项位置信息,动态地为各个词项分配内存。但是链表存储需要额外的指针空间开销,二元组信息本身又很小,指针的内存开销在这种情况下就会更加明显。或者采用另一种方法,直接预分配足够大的内存空间给每个词项,不过这显然更不现实。根据齐普夫法则可知,词频分布的倾斜特征注定少部分词项的倒排列表会非常长,统一按照高频词项分配内存会造成极大的内存浪费,且这些内存碎片无法被再分配,是最不推荐的做法。此外,还可以使用"松散链表"构建索引等方法,这些方法都与两遍文档遍历法类似,完全在内存中完成索引的建立。

4.2.2　排序法

在前文已经指出,所谓索引建立,就是将以文档编号为序的词项-文档二元序列重新组合为以词项为序的序列过程,排序法就是基于对二元序列进行重新排序的索引建立方法。与两遍文档遍历法不同的是,为了缓解内存对文档集大小的限制,排序法会在所分配内存写满后,将排序完成的那部分倒排索引写入外存,形成一个有序的暂存倒排索引块,然后采用多路合并操作或者级联合并操作,将这些倒排索引块合并为最终的倒排索引。

图 4-5 是排序法建立索引的示意图。首先分配一个固定大小的内存缓冲区用于索引建立,然后依顺序扫描文档集,在缓冲区中顺序记录所有的词项-文档二元序列。当缓冲区写满后,依词项编号大小进行排序,形成倒排索引块并写入外存,清空缓冲区后继续进行文档集扫描,将新扫描到的二元序列再次写入缓冲区并排序,直到扫描结束。最后将写入外存的有序倒排索引块合并。

如图 4-6 所示,排序法建立索引的最后一步实际上也是一个排序过程,可以采用级联合并或多路合并的方式进行。这里以级联合并举例,所谓级联合并就是分多次合并,合并后的二级块与二级块继续合并,一层层往上合并为最终的倒排索引。

由于块内是以词项为序存储的,基于这个特点,可以采用双指针法节约合并的时间。如果合并 A,B 两个索引块,先开辟一块与 A,B 块之和大小相等的空间,将指针 a,b 分别指向 A,B 两索引块的起始位置,获取指针指向二元序列的词项编号。通过词典查得词项编号对应的词项,再依据词项序排列出 a,b 指向二元序列的先后关系。假设 a 指向的二元序列小于 b 指向的二元序列中的词项编号,就在新空间中先写入 a 对应的序列,然后移

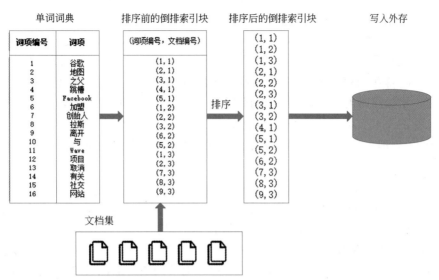

图 4-5　排序法形成倒排索引块

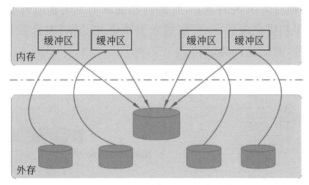

图 4-6　排序法合并倒排索引块

动 a 指向 A 的下一个二元序列,反之写入 b,移动 b,以此类推,完成合并操作。写入完成后,原 A,B 块即可释放。合并完成后的索引块继续合并,直到合并为最大索引块,倒排索引建立完成。使用伪代码对排序法建立索引描述如图 4-7 所示。

```
buildIndex_sortBased ( inputTokenizer) {
    position ← 0
    while inputTokerizer.hasNert() do
        T ← inputTokerizer.getNezt()
        从T中取出词典记录;如有必要, 可创建新记录
        termID ← unique term ID of T
        将记录R_position (termID, position)写入磁盘
        position ← position+1
    tokenCount ← position
    按第一项排序R_0 ...R_{tokenCoun-1},打乱按第二项排序
    在R_0 ... R_{tokerCount-1}上执行一次顺序扫描, 创建最终的索引
    return
}
```

图 4-7　排序法建立索引

伪代码中也展示了词典的同步建立过程。词典要时刻用于生成(termID,position)序列,查找词项编号和词项的对应关系,所以将词典常驻内存比较方便,这与两遍文档遍历法对词典的处理方法一致,但是这也是对内存资源的占用,以GOV2语料集为例,其词典要超过1GB。除了内存占用,排序法还有一个缺点就是对外存读写的需求很大,排序法除了在第一次排序时需要写入一遍临时倒排索引块外,在后续合并过程中还需要多次重复读写这些倒排索引块,而外存的读写速度要远低于内存。不过排序法可以在同内存消耗的情况下,处理远大于两遍文档遍历法的文档集,这是非常重要的进步。

4.2.3 归并法

归并法是在排序法基础之上提出的,为了解决排序法内存的局限性的索引建立方法。如图4-8所示,从整体来看,二者建立索引流程基本相同,它们最大的区别在于:归并法中,不需要维护全局性的单词词典,在合并索引块时才统一进行词项到词项编号的转换,形成单词词典。这使得内存资源在第一次被排序时节约了出来,不必维护词典,可以得到更大、数目更少的倒排索引块。最简单的,可以直接以词项本身作为编号,以字典序(首字母顺序)进行第一步倒排索引块的建立,直到内存资源不足或者达到了预设置的内存阈值后写入外存。文档集扫描完成后,执行倒排索引块合并,同时在合并过程中,替换词项为统一使用的词项编号,并记录词典结构。

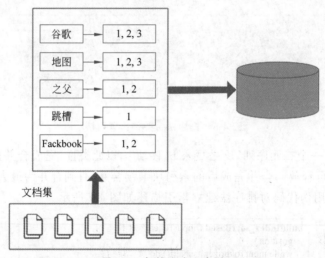

图 4-8 归并法建立索引

相比于排序法,归并法在相同内存情况下,单块倒排索引块更大。这不仅意味着合并次数减少,在合并索引块阶段,内存中为每个待合并索引块设置一个预读缓冲区,将大大节约等待IO的时间。更少的块数意味着每个倒排索引块可分配的预读缓冲区更多,或者说,固定预读缓冲区大小的情况下,可以同时进行更多块索引块的合并。使用伪代码对归并法描述如图4-9所示。

但是,归并法同样也没有摆脱内存的大小限制对索引建立效率的影响。内存大小一方面影响待合并的索引块数量;另一方面影响预读缓冲区的大小。根据实验,当限制内存

```
buildIndex_mergeBased (inputTokenizer,memoryLimit){
    n ← 0          //初始化索引块数量
    position ← 0
    memoryConsumption ← 0
    while inputTokenizer.hasNert ( ) do
        T ← input Tokenizer.getNext ( )
        从T中取出词典记录;如有必要可创建新记录
        在T的位置信息列表后扩展新的位置信息position
        position ← position + 1
        memoryConsumption ← memoryConsumption+1
        if memoryConsumption >= memoryLimit then
            createIndexPartition( )
    if memoryConsumption > 0 then
        createIndexPartition ( )
    合并索引块I₀ ⋯ Iₙ₋₁, 得到最终的磁盘索引I_final
    return
}
createIndexPartition ( ){
    创建空磁盘倒排文件Iₙ
    按字典序排序内存中的词典记录
    for each 词典中的词项T do
        将T的位置信息列表添加到Iₙ中
    删除所有内存位置信息列表
    重置内存词典
    memoryConsumption ← 0
    n ← n + 1
    return
}
```

图 4-9　归并法合并索引

大小为 128MB 时,对于 GOV2 文档集,共记录了 3032 个索引块,索引构建花费近 10 小时,其中大部分时间就消耗在合并索引块上。内存对合并法索引构建的具体影响关系如图 4-10 所示。

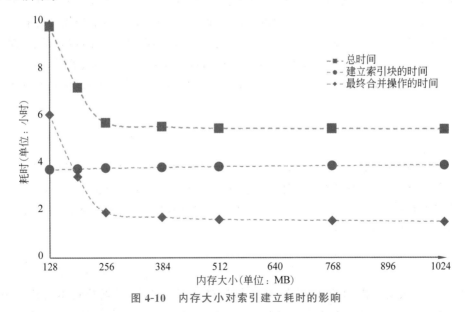

图 4-10　内存大小对索引建立耗时的影响

从图 4-10 可以明显看出内存大小对倒排索引块的建立影响很小,但是对索引合并的影响很大。内存为 1024MB 要比内存为 128MB 在索引块合并时快 6 倍左右,随内存提升,索引块合并时间明显变短。归并法建立索引相较于排序法只变动了词典建立顺序,但是归并法在倒排索引块建立阶段节约出的内存对于最终索引建立效率的提升有着至关重要的作用。归并法是目前最有效的索引建立方法,其他优化方向,也均是在归并法基础之上进行的。

索引更新
策略

◆ 4.3 索引更新

除了索引建立之外,如何更新也是应该考虑的问题。为保证文档集的时新性,周期性对索引进行更新、删除失效内容、增加新增内容、修改变动内容是非常重要的。除此之外,索引更新的同时还要保证搜索引擎正常工作,及时响应用户查询,这也是索引更新需要考虑的问题。有些索引的更新操作非常耗时,用户不可能在查询时等待服务器完成索引更新,也即索引的更新和查询处理需要并行进行。

4.3.1 动态索引

动态索引是为了保证索引更新和查询处理的并发执行而产生的,主要包括临时索引和已删除文档列表。其中,临时索引和倒排索引结构相同,已删除文档列表则负责记录已失效文档记录。可以直接将动态索引看作临时性的索引更新,所有动态索引的更新内容都先记录在内存中,等到动态索引满足某些条件,如占用内存达到一定阈值时,就会通过倒排列表的插入和删除操作记录到外存进行长期存储。通过动态索引的方式,可以极大程度地保证搜索引擎网页的时新性。具体动态索引记录网页的修改、增加和删除的实现方法,由于临时索引并不庞大,内存读写速度也很快,所以并没有倒排列表的插入和删除策略复杂。图 4-11 是结合了动态索引的处理查询流程示意图,搜索引擎先在外存中查询得到待查询词项对应的倒排列表,将对应倒排列表读入内存,然后查询临时索引,结合两次索引结果得到关联文档集,最后将关联文档集通过已删除文档列表过滤后,将结果呈现给用户。后面会在此基础上,进一步介绍如何对存储在外存中的倒排索引进行插入和删除。

4.3.2 倒排索引的插入

倒排列表的插入处理较为简单,而删除和修改操作较难。本节先介绍如何插入,在4.3.3 节介绍删除,而修改可看作先删除后插入。一般来说,在一个正常运行的搜索引擎中,最常见的更新需求是修改,其次是插入,最后才是删除。常见的插入策略有完全重建策略、再合并策略、原地更新策略等。

1. 完全重建策略

完全重建策略是指,不依靠旧索引,重新扫描全部文档集,重新执行索引建立流程。在磁盘中开辟新空间来存放新建立的索引,旧的索引会在建立新索引时正常工作,直到新索引完全建立才舍弃旧索引。图 4-12 是完全重建策略执行示意图。这种方法简单有效,

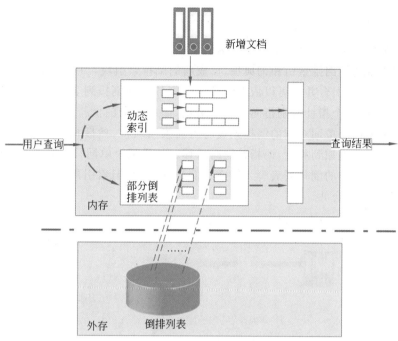

图 4-11　结合动态索引的查询处理流程

新建的索引没有其他冗余的结构,不会影响查询效率。但是每次新建索引时间很长,网页时新性不能保证。完全重建策略还有一个隐藏优势,对比其他策略,完全重建可以胜任倒排列表删除的情况,无论是增加还是删除对完全重建法而言都没有区别,但是其他策略就只能处理索引新增的情况。

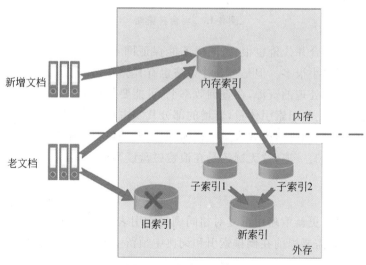

图 4-12　完全重建策略

2. 再合并策略

再合并策略与排序法合并临时倒排索引块操作类似,如图 4-13 所示。在扫描文档集过程中只记录新增的倒排索引和词典项,形成新的倒排索引块,当新的倒排索引块达到预设大小时,将新旧索引合并。可以依据倒排索引中各词项倒排列表按顺序存储的特性加快合并速率,使用两个指针分别指向新旧索引块,如果指向的倒排列表具有相同的词项,则先将旧索引中这个单词对应的倒排列表写入新索引块内,然后把临时索引块中这个单词对应的倒排列表追加到其后,两指针同时后移。如果某个单词只在旧索引中出现过,则直接将旧索引中对应的倒排列表写入新索引倒排文件中,旧索引的单词指针后移指向下一个单词,继续进行合并。

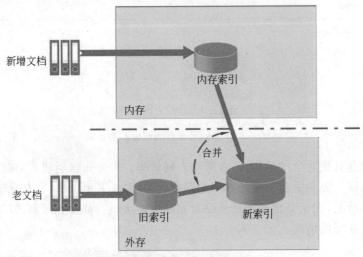

图 4-13　再合并策略

再合并策略由于合并代价也很大,同样不能保证网页时新性,不过相比于完全重建,再合并的时空开销要小很多。但是再合并策略也有其弊端,首先是如何判断新增的问题,这会占用一部分查询处理的资源,在查询效率上,可能要低于完全重建的更新策略。其次是时空开销问题,对比新旧索引体量,新增的部分其实占比很小,在合并过程中,对旧索引中的很多词项而言,其倒排索引并未发生任何变化,但是再合并策略也需要将其从旧索引中读出来在新索引中写一遍,这无疑还是在浪费磁盘读写的时间。

3. 原地更新策略

为了改进再合并更新策略中重复对相同倒排索引表进行读写的问题,有科学家提出了原地更新策略,只需要提前在倒排索引和词典中预留空间,以供未来更新的词项插入即可,如图 4-14 所示。

为了实现原地更新,还需要解决以下两个问题。

第一,分配多少预留空间。不同的外存预留策略是原地更新策略的最大区别,最常见的预留方式是按比例分配。词项对应的倒排索引表越长,就预分配更多的空间给对应词

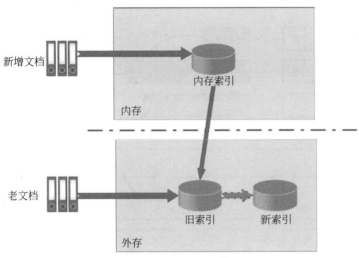

图 4-14　原地更新策略

项,词频分布符合齐普夫法则,按比例分配为高频词预留出更大的空间,是非常实用的预分配方式。

第二,预留内存装满如何解决。如果索引中某一词项预分配的空间被填满,就必须重新装载索引,还要为重新装载的索引再次预留空间。在原地更新策略中,可以选择只重新装载被填满的倒排索引的词项。在之前的索引插入策略中,索引无论如何更新依旧是在外存中连续存储的。但是如果采用原地更新策略,倒排索引就会变为非连续存储,这种非连续存储的形式虽然降低了更新的时间复杂度,但是在处理查询时,需要更长的查询时间,尤其对磁盘而言,不连续的存储意味着寻道时间要更长。对于较低词频的索引,其索引表本身很短,又不连续存储,按比例分配后预留空间也很小,很容易就填满需要重新装载,非常麻烦。实验显示,这将导致原地更新策略的查询效率比再合并策略还低。

对"搜索""搜索""技术"三个词项采用原地更新策略的示意图如图 4-15 所示。其中,"技术""搜索"对应的倒排列表预留有足够空间,可以直接将新的倒排索引追加到队尾,而"引擎"对应的倒排列表预留空间不足,无法容纳新的倒排列表,需要在磁盘中重新开辟一块空间用于存储"引擎"对应的倒排列表。

4. 混合更新策略

前面分别详细分析了再合并与原地更新策略的优劣,如果可以吸取再合并和原地更新策略的长处,规避它们的短处,无疑会进一步加快索引更新的效率,这种方法也叫混合更新策略。

混合更新策略根据词项的不同性质将词项进行分类,不同类别的词项,对其索引采取不同的索引更新策略。常见的做法是:根据词项的倒排列表长度进行区分,因为有些词项经常在不同文档中出现,所以其对应的倒排列表较长,而有些词项很少见,则其倒排列表就较短。根据这一性质将词项划分为长倒排列表词项和短倒排列表词项。长倒排列表词项采取原地更新策略,预分配空间更大,不容易填满,存储集中。短倒排列表单词则采

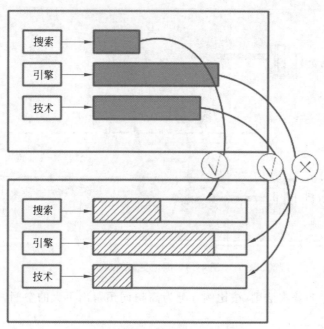

图 4-15　原地更新为倒排列表预留空间

取再合并策略,合并代价低,适合集中处理,同时连续存放大大节约了磁盘寻道时间。

4.3.3　倒排索引的删除

尽管倒排索引删除的需求很少,但也是搜索引擎更新必须实现的功能。例如,某网站管理员关闭了某些网页的访问,如果搜索引擎没有及时删除这些网页对应的索引,将导致用户依旧可以查询到那些已经不存在的网页信息,在进一步访问的时候发现网页早已丢失了,影响用户使用体验。但是问题也随之而来,删除操作对于数组这类顺序存储的顺序结构而言,时间复杂度为 $O(n)$,每删除一条索引都需要将其后的索引统一向前移动一位,而索引又非常长,直接删除显然不合理。

可以通过维护一个无效列表来避免删除部分倒排列表而改动整个索引。所谓无效列表,就是指记录有失效网页信息的辅助查询结构,一般使用哈希表或者数组实现。处理用户查询结束后,将查询结果再经过一轮无效列表的查询,过滤掉记录在无效列表内的网页来保证用户查得的信息均是有效的。需要注意的是,无效列表内记录的不是失效的网页编号,而是失效网页包含词项对应的索引。换句话说,每失效一个网页,就要记录多条无效列表记录。考虑到效率问题,无效列表和倒排索引具有相同的结构,便于查询结果和无效列表进行直接比较。

实验表明,维护无效列表来实现索引更新是一种非常实用的方法,在避免用户查看到失效网页的同时,不会给索引更新的效率带来很大负担。并且还有可优化的空间,最容易想到的优化方向是提前无效列表查询的时间,如果在查询处理前就可以得知哪些网页是失效网页,就可以避免对无效网页进行查询。

上面介绍的无效列表方法虽然保证了查询结果的正确性,但是那些失效的索引信息依然存在于索引表中,随着时间的增加,索引中失效信息所占比例越来越高,势必会影响处理查询的性能。这里补充解释一下为什么失效信息会影响查询效率,实际上,倒排索引在实际情况中会进行压缩存储,如果失效信息比例高,就会造成解压、压缩的浪费。因此,在一段时间内,移除失效网页对应的倒排索引,建立仅包含有效网页的新索引很有必要,虽然这样做代价较高,但是集中失效信息移除也还可以接受,这个过程称为垃圾回收。

从执行过程看,垃圾回收和查询处理流程类似。不同的是,查询处理要计算评分决定排序,而垃圾回收不需要,在垃圾回收操作中只需要将所有无效列表中记录的倒排列表项找出来即可,没有先后之分。

从执行代价看,垃圾回收处理要比倒排索引插入(以再合并策略为例)多消耗 30%~40% 的时间。设定合理的垃圾回收处理频率非常重要,如设失效信息占全部索引长度的比例为 ρ,当 ρ 超过某一阈值时,执行垃圾回收。有关阈值如何确定,取什么值为最优解,是一个复杂的动态规划问题,最优解的选取与网页时效性、网页失效与新增之比、查询处理时间等都有关。从定量角度看,网页失效在倒排索引中占比越大,阈值应越小;用户要求查询信息时效性越高,阈值应越小;用户查询时间要求越短,阈值应越小。此外,垃圾回收还可以与再合并组合执行,与索引插入同步完成垃圾回收,可以节约更多时间。

在上述垃圾回收方式中,只设置了一个阈值,与此种垃圾回收方法配套使用的是再合并的索引插入策略。如果索引插入策略选择原地更新,依然可以使用这种垃圾回收方式,但是利用倒排索引在原地更新策略中索引不连续存放的特点,可以进一步优化垃圾回收。由于不需要考虑顺序存放索引,可以只针对部分倒排索引进行垃圾回收,也就是,可以分开计算不同倒排索引块的 ρ 值,挑选出那些失效信息比例超过阈值的倒排索引块进行回收。这种垃圾回收方式有更高的执行效率,同时保证了索引的查询处理效率。

◈ 4.4　查询处理方法

查询处理

最快的查询处理是直接将词典和倒排索引都放到内存中,毕竟内存的读写速度要远高于外存读写速度。不过这显然不太现实,一个商用搜索引擎的索引数据很轻松就可以达到几千甚至上万兆字节,而内存价格又非常高昂,搜索引擎服务器内还有诸多进程需要申请内存资源,将内存大部分都用来存放索引数据不太可行。所以在索引建立阶段,默认了索引建立常驻外存,在查询处理时,也要以倒排列表在外存中为前提。在本节中,主要介绍两种最简单的查询处理算法 Document-at-a-time 和 Term-at-a-time。

4.4.1　Document-at-a-time

Document-at-a-time(一次一文档)检索是最简单的使用倒排文件进行检索的方法。如其名字所述,Document-at-a-time 以文档为单位进行统计,每次计算一篇文档(网页)的得分,最后依照网页得分进行排序,返回得分高的网页,查询结束。使用伪代码对流程描述如图 4-16 所示。

其中,Q 代表用户的查询请求,I 代表索引,$f(\ )$ 和 $g(\ )$ 是评分回调函数,k 为用户欲搜索的相关网页数量。Document-at-a-time 查询的具体流程是:对于每个用户查询请

```
procedure DocumentAtATimeRetrieval(Q,I,f,g,k){
  L ←Array( )
  R ← PriorityQueue(k)
  for all terms wi in Q do
    li ← InvertedList(wi, I)
    L.add(li)
  end for
  for all documents d ∈ I do
    for all inverted lists li in L do
      if li points to d then
        sD ← sD +gi (Q)fi(li)          //更新文档分数
        Li.movePastDocument(d)
      end if
    end for
    R.add(sD,D)
  end for
  return the top k results from R
}
```

图 4-16　Document-at-a-time 查询处理伪代码

求,先通过分词等文本转换手段处理为若干词项,然后处理每一篇网页。对每篇网页,都将上一步得到的每个词项进行一遍查询,如果在这一篇网页内出现,就使用 $f()$,$g()$ 两个回调函数计算该词项对这篇网页的相关程度,其中,$g()$ 回调负责衡量当前词项对于用户请求的重要程度。例如,可以设置先输入的词项重要性更高、短的词项重要性高等,$f()$ 回调负责计算当前词项对于对应网页的重要性程度,典型的如 TF-IDF 值、出现次数等都可以作为 $f()$ 回调,这些数据可以记录在文档结构图中,随索引建立提前记录好。计算词项得分后,将每个词项的评分累加起来,即为该篇网页对于用户此次查询的相关评分,以评分为序将扫描过的网页记录下来,取评分最高的前 k 个完成查询,这就是 Document-at-a-time 查询处理方法。关于如何取前 k 个高频分网页,在伪代码中辅助使用堆这种数据结构(也可以称其为“优先队列”),具体到本例中,要保留评分高的数据项,所以采用大根堆,实现以 $O(\log n)$ 的时间复杂度完成插入,并保证记录到前 k 大的数据项。

以检索“salt water tropical”为例,给出 Document-at-a-time 处理查询的示意图,如图 4-17 所示,其中,每列代表倒排索引的一遍扫描,每一遍扫描都计算得出一篇文档的相关程度评分。文档集中共有四篇文档,在第一遍扫描完成后,得到三个词项关于第一篇文档的相关度评分,其中,“salt”计 1 分,“water”在第一篇文档中没有出现,“tropical”计 2 分,累加得到第一篇文档的最终相关度评分为 3。以此类推,共执行 4 遍扫描,分别得到 4 篇文档的评分为 3、4、1、2。最后依据评分依序返回给用户。

限制 Document-at-a-time 查询效率的主要是文档集数量。对于搜索引擎而言,网页数量是非常庞大的,而 Document-at-a-time 需要处理当前文档集内的所有文档,对出现过一次以上的用户查询词项的文档都计算评分,这导致 Document-at-a-time 需要多遍扫描倒排索引。不过这种方法对于内存消耗较小,需要额外维护的只有容量为 k 的一个优先队列而已。

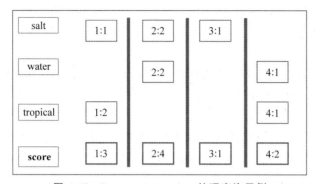

图 4-17　Document-at-a-time 处理查询示例

4.4.2　Term-at-a-time

Term-at-a-time(一次一单词)以词项为单元,每次循环统计用户查询中单个词项对于所有网页的相关程度,最后累加所有词项评分,同样依照评分高低取前 k 个相关网页,对比 Document-at-a-time,区别主要在二重循环中,外循环是词项,内循环才是文档。其伪代码如图 4-18 所示。

```
procedure TermAtATiemRetrieval(Q,I,f,g,k){
    A ← HashTable()
    L ← Array()
    R ← PriorityQueue(k)
    for all terms wᵢ in Q do
        lᵢ ← InvertedList(wᵢ,I)
        L.add(lᵢ)
    end for
    for all lists lᵢ ∈ L do
        while lᵢ is not finished do
            d ← lᵢ.getCurrentDocument()
            A_d ← A_d+ gᵢ(Q)f(lᵢ)
            lᵢ.moveToNextDocument()
        end while
    end for
    for all accumulators A_d in A do
        s_D ← A            //累加器包含文档分数
        R.add( s_D,D)
    end for
    return the top k results from R
}
```

图 4-18　Term-at-a-time 查询处理伪代码

其中,Q、I、$f(\ )$、$g(\ )$、k 的意思与图 4-16 一致。Term-at-a-time 与 Document-at-a-time 预处理一致,都是先通过分词等文本转换手段将用户的查询请求处理为若干词项,然后对每个词项进行处理。针对每个词项,查询该词项出现过的网页,对于出现过的网页使用 $f(\ )$、$g(\ )$两个回调函数计算该词项对于这篇网页的相关程度,$f(\ )$ 和 $g(\ )$ 回调函数的使用与 Document-at-a-time 一致,计算得到该词项在所有出现过网页中的得分后,暂存网页的临时得分,进行下一词项对所有出现该词项的网页的临时得分的计算。扫描完所有词项后,将每个网页的临时评分累加,即为该篇网页对于用户此次查询的相关评分,以评分为序将扫描过的网页记录下来,取评分最高的前 k 个完成查询,这就是 Term-at-a-time 处理查询的过程。

同样以"salt water tropical"查询为例,基于 Term-at-a-time 的处理查询过程如图 4-19 所示。其中,以横线分隔的部分代表倒排索引的一遍扫描,每一遍扫描都计算得出一个词项对于所有文档的相关程度评分。此次查询共有三个词项,在第一遍扫描完成后,得到四篇文档关于词项"salt"的临时相关度评分,其中,第一篇文档计 1 分,第二篇文档记 2 分,第三篇文档记 1 分,第四篇文档中没有出现"salt"。以此类推,共执行 3 遍扫描,分别得到 4 篇文档的评分为 3、4、1、2。

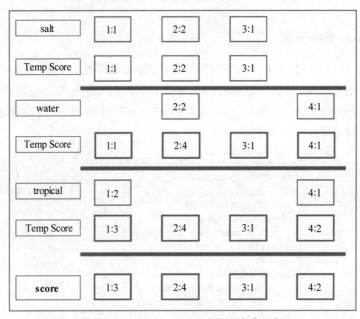

图 4-19　Term-at-a-time 法处理查询示例

与 Document-at-a-time 相比,Term-at-a-time 查询处理以词项为外循环,依次查询词项的相关网页。从空间角度看,这种读取方式更集中,更接近于顺序读取,大大节约了外存读写的时间,也就意味着查询处理的效率更高。但是 Term-at-a-time 对内存需求更大,Document-at-a-time 中优先队列 R 可以放心设置容量为 k,对于分数较低的网页,可以直接舍去。但是在 Term-at-a-time 方法中,所有网页的分数是在最后一步才计算得出的,这导致在循环过程中需要保留所有的中间结果,也就意味着更大的内存消耗。

4.4.3　查询优化

无论是哪种查询方法,都可以进一步优化,提升查询效率。目前,查询优化方法主要有两类,一类是减少从索引中读取的数据,另一类是减少处理的文档数。这些方法可以单独使用,也可以联合使用,有的适用于 Term-at-a-time 处理查询,有的适用于 Document-at-a-time 处理查询,本节详细介绍六种查询优化的方法。

1. 倒排列表跳转

倒排列表跳转是目前最流行的多词项查询情况下减少从索引中读取数据的查询优化方法。以双词项的布尔查询[①]为例,当查询"galago AND animal"时,假设每个词项的倒排索引表以文档编号大小排序,一般情况下,可以使用如下方法进行查询处理。

(1) 使用指针 d_g 指向"galago"倒排索引表中的第一项。

(2) 使用指针 d_a 指向"animal"倒排索引中的第一项。

(3) 如果 $d_g > d_a$,移动 d_a 到倒排索引的下一项。

(4) 如果 $d_g < d_a$,移动 d_g 到倒排索引的下一项。

(5) 如果 $d_g = d_a$,记录文档编号,移动 d_g、d_a 到下一项。

(6) 如果 d_g 或 d_a 下一项为空,搜索结束,否则转到第(3)步。

这种查询方法相较于 Document-at-a-time 或 Term-at-a-time 处理查询效率要更高,但由于"galago"和"animal"二者在文档集中词频差异极大,"animal"的倒排列表长度远大于"galago"的倒排列表长度。所以上述算法在执行过程中,会消耗更多时间在步骤(3)上。据此对步骤(3)、(4)进行改动:重复比较 d_g、d_a,如果 $d_g > d_a$,向后移动 d_a k 项,直到 $d_g < d_a$,则在 $[d_a - k, d_a]$ 区间内,一定存在同时出现"galago"和"animal"的文档,然后线性查找 $[d_a - k, d_a]$ 区间内的文档即可。合适的 k 值可以大大减少倒排索引的读取次数,如果过大,线性查询的耗时变长,如果过小,不能有效减少倒排索引的读取次数。进一步拓展,可以额外建立一个跳转指针表来辅助查询,实现更有效的指针跳转。倒排列表跳转法可以极大地降低查询处理需要的时间。

2. 联合处理

联合处理是最简单的查询优化方法,它既可以用于 Document-at-a-time,也可以用于 Term-at-a-time 的查询处理过程中。简单来说,联合处理就是直接过滤掉只包含部分查询词项的网页的查询方法,这也是许多搜索引擎的默认模式。一方面是出于查询效率的考量;另一方面是只包含部分查询词项的网页与用户查询意图可能不同。不过,在处理较长查询时,例如,查询请求是一个段落时,就不推荐使用联合处理,这通常会导致搜索结果为空。

3. 阈值方法

在查询过程中都会设置 k 值作为用户需要的结果的数量,也就是说,很大部分文档都不会显示给用户。阈值方法就是基于此,提前过滤掉那些相关程度评分达不到前 k 名的文档,以减少文档处理数量,加快查询效率。对于每次查询,在查询某一词项关于文档的倒排索引表时,都存在一个最小相关程度评分,记为阈值 τ。如果该项评分没有达到 τ 值,就说明该篇文档的最终分一定无法排到前 k 名,可以直接将文档过滤,以减少搜索引擎需要处理的文档数。不过 τ 值只能在查询结束后才能确切计算出其真正大小,所以只

---

① 布尔查询是指利用 AND、OR 或者 NOT 操作符将词项连接起来的查询。

能使用估计值 τ' 作为阈值过滤文档, τ' 总是小于或等于 τ 的,以保证不会误过滤。在使用 Document-at-a-time 进行查询处理时,计算 τ' 非常方便,因为 Document-at-a-time 是以文档为单位进行相关程度评分计算的,直接以前 k 篇文档中的最低分为 τ' 即可。

4. MaxScore

结合倒排列表跳转法和阈值方法,在处理多词项查询时,使用估计阈值 τ' 作为列表跳转的依据,这样就避免了倒排列表跳转法线性查找 $[d_a - k, d_a]$ 区间内文档的时间消耗,这种查询优化的方法就是 MaxScore 法。

5. 提早终止

提早终止是适用于 Term-at-a-time 查询处理法的查询优化方法,通过预先对用户查询词项进行重要性排序,提前计算重要词项的评分,直接使用这部分词项的中间结果作为最终的相关程度评分。类似于忽略停用词的做法,实际上,不重要的词项对于排序结果的影响也非常小,所以忽略掉这部分词项的评分风险较小。提早终止法在处理段落查询等含有非常多词项的长查询时有出色的优化效果。

6. 倒排列表排列

通过改变倒排列表在外存中的存储排列顺序,也可以对查询处理进行优化。在倒排列表跳转法中,倒排列表以文档序进行排列,是一种通过改变倒排列表排列的查询优化方法。此外,还可以根据文档质量进行排序,如以 PageRank[①] 值进行排序,以 TF-IDF[②] 值进行排序等,当以文档质量排序和阈值方法结合时,在估计 τ' 时就会更接近 τ ,提前过滤掉更多低相关程度的文档。

◆ 小　　结

本章首先介绍了索引相关概念,然后具体介绍了建立倒排索引的三种方法以及如何对倒排索引进行更新。重点介绍了排序法建立索引流程,以及索引删除和修改操作。最后讲述如何利用倒排索引配合词典进行查询处理以及几种查询优化的手段。

◆ 习　　题

1. 倒排索引之所以叫这个名字是因为该索引是通过单词-文档的形式来构建索引的,而查询是通过文档中的单词来反向确定文档的信息,故而叫倒排索引。上述说法是否正确?(　　)

---

① PageRank 是一种通过网络出入链关系确定的页面重要性评级算法。
② TF 是词频(Term Frequency),IDF 是逆文本频率指数(Inverse Document Frequency)。TF/IDF 值越高,该词项在对应文档中越重要。

A. 对

B. 错

2. 下列关于查询处理的说法错误的是（　　）。

A. 一次一单词所需的内存比一次一文档查询所需的内存小

B. 基于索引的查询要显著比不用索引的查询快

C. 联合处理方法可以很好地对不同文档提升效果

D. 在一些搜索引擎中可以设置特殊的查询语言帮助改善查询的结果

3. 如果某一词是一个流行词汇，那么对它的查询频率就会增大，维护这个单词的负载就可能过大而超过服务器的限制。上述说法是否正确？（　　）

A. 对

B. 错

4. 分布式搜索引擎最显著的特点就是可以在部分服务器不能使用的情况下，依旧可以进行索引的查询，且不会对结果有太多的影响。上述说法是否正确？（　　）

A. 对

B. 错

5. 倒排文件里的倒排列表存放顺序由低到高，增量索引在遍历词典的时候按照字典序由低到高排列，由此使用原地更新策略进行索引的更新，可以有效提高合并效率。上述说法是否正确？（　　）

A. 对

B. 错

6. 下面关于建立索引的方法的叙述错误的是（　　）。

A. 两遍文档遍历法，通过在内存里对文档集合进行两遍扫描，完成索引的创建

B. 第一遍文档遍历，可以获得包含单词的文档 ID，以及这个单词在文档中的出现次数 TF 等信息

C. 排序法首先将处理产生的中间文件存储在磁盘中，然后进行合并

D. 归并法第一阶段先在内存里维护中间结果，当内存占满后，将内存数据写入磁盘临时文件

7. 下列更新索引的方法中错误的是（　　）。

A. 完全重建策略在新增文档数量一定多的情况下优先考虑

B. 再合并策略在指定大小的内存被消耗完时则把临时索引和老索引进行合并

C. 原地更新策略会对老索引倒排列表中变化的单词进行索引的重写

D. 混合策略就是能够结合不同索引更新策略的长处，将不同的索引更新策略混合

8. 下列不属于倒排索引的组成的是（　　）。

A. 由文档集合中出现过的所有单词构成的字符串集合

B. 记载出现过某个单词的所有文档的文档列表及单词在该文档中出现的位置信息的倒排项

C. 存储所有倒排列表的倒排文件

D. 对应单词的指针结构

9. 请简述两种常见的单词词典结构的组成。

10. 请根据下面的文档建立一个包含文档 ID、词频、出现位置的倒排索引。

D1：乔布斯去了中国。

D2：苹果今年仍能占据大多数触摸屏产能。

D3：苹果公司首席执行官史蒂夫·乔布斯宣布，iPad2 将于 3 月 11 日在美国上市。

D4：乔布斯推动了世界，iPhone、iPad、iPad2，一款一款接连不断。

D5：乔布斯吃了一个苹果。

第5章

用 户 交 互

本章学习目标

- 了解信息查询和查询提炼的知识。
- 掌握查询扩展和查询推荐的原理。
- 了解搜索结果页面展示相关知识。

从用户的角度来看,搜索引擎是用于提交查询和查看搜索结果的界面。用户与搜索引擎系统交互主要是通过构造查询、浏览检索结果以及重写查询的过程。同时这些交互过程也是信息检索过程中的一个关键部分,决定了搜索引擎是否提供了有效的服务。

◇ 5.1 信息需求与查询

搜索引擎能够帮助用户自动收集处理互联网上各种信息资源,并利用处理过的信息为用户提供服务。为了搜索引擎能提供高质量检索,需对用户查询意图进行准确识别。图 5-1 是搜索引擎系统结构示意图。

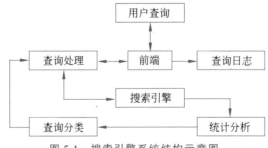

图 5-1 搜索引擎系统结构示意图

(1)首先,搜索引擎系统通过前端与用户进行交互,当用户向搜索引擎提交查询后,若用户无附加保密要求则该前端会对查询词进行预处理,在搜索引擎查询日志中,对前端预处理后的数据提取分类特征。

(2)然后,统计分析模块同时接收查询词和处理后获得的分类特征信息,并对这些信息进行统计分析,生成对应的特征向量。

（3）接着,查询分类模块可用该特征向量判定用户的查询类别。

（4）最后,搜索引擎接收处理后信息,并给出与之对应的搜索结果。若某用户对提交信息提出保密要求,则可能不会进行查询意图判断,此时前端处理后的查询信息将直接提交给查询处理模块进行相关处理。

信息需求是用户使用搜索引擎的动机。信息需求有不同的类型,研究人员根据不同的维度对这些信息需求进行归类,例如,需要查找的相关文档的数量、需求信息的类型、产生信息需求的任务等。对用户的信息需求进行分类,共分为以下 6 类。

（1）咨询类:涉及用户想得到的建议、想法或解答等知识性查询,如用户通过搜索引擎输入关键词"什么是 PageRank?",希望获得 PageRank 的知识。

（2）服务类:用户希望获得某个提供某种 Web 服务的网站。

（3）导航类:用户不知道网站的 IP 地址或 URL,希望直接到达某个特定网站求助搜索引擎。

（4）热点类:在查询日志中发现某些查询词具有明显的时间敏感性,在某特定时间出现频次非常高,属于热门搜索,特别是一些新闻性搜索。

（5）学术类:用户在很多时候希望获得专业的文献、期刊、论文或书籍等信息,如用户希望检索 PageRank 的出处文献,输入查询信息"PageRank 的出处",如图 5-2 所示。这类查询本属于咨询类,但由于它们的信息非常专业和独立,而且相较于咨询类信息所占比例非常少,如不将这类信息独立分类,它们将淹没在其他咨询类信息的海洋里,对于很多需要获得相关学术性资源的用户将很难从搜索信息中获取其想要的资源。

图 5-2　学术类查询

（6）资源类:用户希望在网络上获得软件、图片、音乐或视频等在线资源,或用户想将网络上某个资源下载到本地或某个设备上。

从搜索引擎设计者的角度观察这些信息需求,可以得出以下两方面的重要结论。

（1）查询能够表达完全不同的信息需求,可能需要不同的搜索技术和排序算法来产生最好的排序结果。

（2）查询仅仅是对信息需求的粗略表达。当用户发现难以表达出他的信息需求时,所提出的查询就会出现这种情况。然而,这种情况的产生通常是由于搜索引擎鼓励用户输入短查询导致的,这取决于搜索引擎的接口形式,而且过长的查询检索不到需要的结果。

目前在搜索引擎上最常用的查询形式,是采用由几个关键词组成的短查询,当前的搜索技术无法很好地处理长查询。例如,大部分互联网搜索引擎仅仅是将含有查询词的文档进行排序。如果一个人提交了一个包含 30 个词的查询,最可能的结果是什么都没找到。即使找到了包含所有词的文档,但在搜索结果中,往往也没有了那些符合语法结构的长查询中表达出的隐含语言含义。搜索引擎上采用的排序算法主要是基于将文本看作词集合的统计学方法,而不是基于句法或语义特征。

当人们了解到采用长查询会得到什么样的搜索结果后,很快就认识到如何得到更可靠查询结果的方法,就是采用与他们要查找的信息相关的几个关键词去构成查询。但是这显然增加了用户的负担,本章即将描述的查询提炼技术,就是要减轻用户的负担,并且改善那些粗略表达的查询。

◈ 5.2　查询转换与提炼

查询界面、
查询转换
与提炼

5.2.1　停用词去除和词干提取

文本查询最初的处理过程应该对应于对文档的处理步骤,在查询文本中的词应转换成与文档文本处理时产生的词项相同的形式,否则在排序时会出现错误。在查询转换和文档转换中,仍存在许多的不同之处,特别是在停用词去除和词干提取处理上。对于其他一些处理步骤,如结构分析、词素切分,在查询中或者不需要这些处理,或者与对文档的处理方法基本上是相同的。

在索引文档时可以不去除停用词,而安排在处理查询的时候。在索引中保留停用词,可以增加系统处理含有停用词的查询的灵活性,对停用词的处理可以像普通词一样(留在查询中)。

在对英文分词时往往会采取词干提取,查询的词干提取是增加搜索引擎灵活性的另一项技术。如果在建立索引时对文档中的词进行了词干提取处理,那么查询中的词也必须进行词干提取。可是在有些情况下,对查询进行词干提取会降低搜索结果的准确性,例如,某些单词在不同的上下文中可能具有不同的含义,但在进行词干提取时被视为相同的词干。单词“meeting”可以指公司会议或两个人之间的会面,但在进行词干提取时会被处理为“meet”,导致搜索结果的混淆。如果索引文档的时候不进行词干提取,就能够在处理查询的时候决定是否对“meeting”进行提取词干。可以根据一些因素做这样的决定,例如,这个词是否被引用的短语中的一部分。

为了使查询的词干提取能够获得更好的效果,一定要用恰当的词的变形来扩展查询,而不是将查询词减少到只剩下词干,因为并没有对文档进行词干提取。如果用词干“meet”代替了查询词“meeting”,查询就不再匹配包含“meeting”的文档。相反,查询应该扩展到包括词“meet”。查询扩展应该由系统(不是用户)根据某些形式的同义词操作去实现,或者也可以用词干和词来索引文档,这将使查询执行更有效,但是索引的规模也会增加。

每个词干提取算法都隐含着产生一些词干类别。词干类别是指能够通过词干提取算法转换成相同词干的一组词。这些词干类别的获取方法,是在一个大规模的文本集合上运行词干提取算法,并记录哪些词能够映射到给定的词干上。词干类别的数目可以十分庞大。例如,这里展示了三个词干类别(每个词干类别中的第一个词是词干):

```
/bank banked banking bankings banks
```

```
/ocean oceaneering oceanic oceanics oceanization oceans
/polic polical polically police policeable policed
-policement policer policers polices policial
-policically policier policiers policies policing
-policization policize policly policy policying policys
```

在这些词干类别中,不仅包含较多的词("polic"类包含 22 个词),而且也包含一些错误。与"police"和"policy"相关的词,前者表示"警察",后者表示"政策",不应包含在相同的词干类别中,而且这也会影响排序准确率。尽管其他的词没有错,但可能会用在不同的上下文中。例如,"banked"更常用在讨论飞行或水池的时候,但是这个词干类别中的其他词,更常用在与金融相关的论述上。如果在扩展查询时直接使用词干类别,那么词干类别中词的数量也是一个问题。给一个简单的查询扩展了 22 个词,显然会影响系统的响应时间,并且如果没有正确地使用同义词操作符,可能会引起检索错误。

这两个问题能够通过文本集合中词的共现分析来处理,进行这样的分析是基于这个想法:能够互相替换的词的变形,应该经常在文本中共现。采用如下具体处理步骤。

(1) 对于词干类别中的每对词,计算它们在 W 个词的文本窗口中共现的次数,W 通常取 50～100 个词。

(2) 对于每对词计算共现或关联度指标,这用来衡量词之间的关联程度。

(3) 构造一个图,其中,顶点代表词,如果词共现的指标大于阈值 T,则用边连接它们。

(4) 找到这个图的连通分支,它们构成一个新的词干类别。

目前在一些应用(如网络检索)中,大量的查询日志也成为可利用的资源,利用这些资源的统计分析,可以验证提取的词干,甚至获取词干类别。对含有相同词的查询,从中分析趋向于共现的词语变形,这可以作为"fish/fishing"问题的一种解决方法,因为"fish"与"village"共现在一个查询中的可能性很小。

5.2.2　拼写检查

信息检索致力于为用户提供尽可能准确的返回信息,信息检索的准确性依赖于用户输入内容的准确性。当用户输入查询词串中包含错字、多字甚至少字时,信息检索系统的拼写检查能够尝试纠正用户输入的错误,向用户提供尽可能多的、正确的候选项,提高信息检索的准确率。因此,对用户输入内容进行拼写检查很有必要性。

信息检索在为用户提供搜索服务的同时,也依赖于用户带来的流量生存。但当用户输入内容包含错误时,信息检索系统若不具备拼写检查的功能,返回的信息可能会偏离用户的真实意图。这就降低了用户的体验度,造成用户流量的流失。长此以往,该系统就会被用户淘汰。因此,对查询内容进行拼写检查能够提高用户的满意度,给信息检索系统带来更多的用户流量,为信息检索更好的发展创造更有利的条件。

发展至今,英文文本拼写检查工作已取得了突破性进展。英文文本错误一般有两类:非词错误和真词错误。非词错误指的是一个词错用成非字典中的单词的现象,如 thsi cake is for you 中的"thsi"不在词典中,应改为"this"。另一类为真词错误,真词错误指一个词错用成字典中另一个不符合当前上下文语义的词形成的错误,如"I come form Beijing"中的"from"被误拼成了"form"。图 5-3 是 Firefox 的拼字检查功能,这是输入 "bluee"的结果。

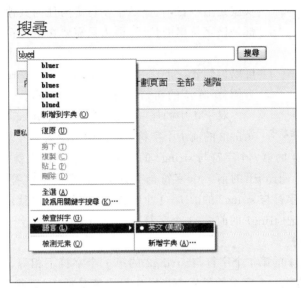

图 5-3　Firefox 的拼字检查功能

在一些拼写检查工具中,采用的基本方法是对于在拼写字典中没有的词,就建议更正它们。将在字典中没有的词与字典中包含的那些词进行比较,并根据它们之间的一个相似度衡量标准,来提出更正建议。最常用的一个词之间比较的衡量标准是编辑距离,编辑距离是将一个词通过编辑转换成另一个词所需要的操作数。Damerau-Levenshtein 距离是指计算这个转换过程中单个字符插入、删除、替换、交换的最少次数。研究显示,80%或更多的拼写错误是由于这类单个字符错误引起的。

下面是 Damerau-Levenshtein 距离为 1 的一些词转换例子,它们只需要一个操作或编辑,就能够生成一个正确的词。

```
extenssions → extensions (插入型错误)
poiner → pointer (剔除型错误)
marshmellow → marshmallow (替换型错误)
brimingham → birmingham (交互型错误)
```

另外,在 doceration → decoration 的转换过程中,编辑距离为 2,因为有以下两步编辑操作。

```
doceration → deceration
deceration → decoration
```

下面来看如何计算编辑距离。假设两个字符串 string1 与 string2 的长度分别为 m 和 n,在计算编辑距离的时候需要构造一个二维矩阵 d,行数为 $m+1$,列数为 $n+1$,矩阵中的某个元素 $d[i][j]$ 表示 string1 的前 i 个字符与 string2 的前 j 个字符之间的距离,按照这种含义,那么 string1 与 string2 之间的距离就是 $d[m][n]$,这样计算编辑距离的问题就转换为求解矩阵 d 的值。

对于矩阵 d 是知道第一行和第一列的值的,第一行的元素可以用 $d[0][j]$ 来表示,含义为 string1 的前 0 个字符与 string2 的前 j 个字符之间的距离,string1 的前 0 个字符其实就是空字符串,显然空字符串与任何其他字符串之间的距离都是该字符串的长度,因为只需要在空字符串中依次插入该字符串的每个字符就得到了该字符串,得到了 $d[0][j]=j$,同理可以得到 $d[i][0]=i$。以 string1="store",string2="shop" 为例,矩阵 d 的初始状态如图 5-4 所示。

	s	h	o	p
0	1	2	3	4
s 1				
t 2				
o 3				
r 4				
e 5				

图 5-4 矩阵 d 的初始状态

对于 d 中的任一元素 $d[i][j]$,表示 string1 的前 i 个字符与 string2 的前 j 个字符之间的编辑距离。考虑下面两个情况。

(1) 如果 string1 的第 i 个字符与 string2 的第 j 个字符相等,也就是 $string1[i-1]==string2[j-1]$,此时 string1 的前 i 个字符与 string2 的前 j 个字符之间的距离就等于 string1 的前 $i-1$ 个字符与 string2 的前 $j-1$ 个字符之间的距离,也就是 $d[i][j]=d[i-1][j-1]$,因为只需要把 string1 的前 $i-1$ 个字符变换成 string2 的前 $j-1$ 个字符,就得到了 string2 的前 j 个字符。

(2) 如果 string1 的第 i 个字符与 string2 的第 j 个字符不相等,string1 的前 i 个字符变换为 string2 的前 j 个字符的最后一步操作只可能是插入、删除和修改中的某一个,下面分别看这 3 种情况。

① 如果最后一步是插入,那么需要将 string1 的前 i 个字符变换为 string2 的前 $j-1$ 个字符,最后一步插入 $string2[j-1]$ 即可,这样至少需要 $d[i][j-1]+1$ 步,因为将 string1 的前 i 个字符变换为 string2 的前 $j-1$ 个字符至少需要 $d[i][j-1]$ 步,加上最后一步的插入操作,所以总共至少需要 $d[i][j-1]+1$ 步。

② 如果最后一步是删除,那么需要将 string1 的前 $i-1$ 个字符变换为 string2 的前 j 个字符,最后一步删除 $string1[i-1]$,至少需要 $d[i-1][j]+1$ 步。

③ 如果最后一步是修改,那么需要将 string1 的前 $i-1$ 个字符变换为 string2 的前 $j-1$ 个字符,最后一步将 $string1[i-1]$ 修改为 $string2[j-1]$,至少需要 $d[i-1][j-1]+1$ 步。

对于上面 3 种情况,只需要取步数最少的即可,因此得到递推式(5-1):

$$d[i][j]= \begin{cases} d[i-1][j-1], & string1[i-1]=string2[j-1] \\ \min\{d[i-1][j],d[i][j-1],d[i-1][j-1]\}+1, & 其他 \end{cases} \quad (5\text{-}1)$$

对于上面的例子,最终得到的矩阵 d 如图 5-5 所示。

图 5-5 矩阵 d 的计算过程大致如下,string1="shop",string2="store",当 $i=j=3$ 时,此时 $string1[2]=string2[2]=$ 'o';因此 $d[3][3]=d[3-1][3-1]=d[2][2]$。当 $i=2,j=2$ 时,$string1[i-1]=string1[1]=$'h',$string2[j-1]=string2[1]=$'t',两者不相等,因此

$$d[2][2]=\min\{d[1][2], \quad d[2][1], \quad d[1][1]\}+1$$

	s	h	o	p
0	1	2	3	4
s 1	0	1	2	3
t 2	1	1	2	3
o 3	2	2	1	2
r 4	3	3	2	2
e 5	4	4	3	3

图 5-5 矩阵 d 的最终状态

一个拼写错误会有多个可能的更正形式,例如,拼写错误

"lawers"可能会有下列编辑为 1 的更正形式：lawers→lowers、lawyers、layers、lasers、lagers。拼写校正程序要决定是否将所有这些词都展示给用户,并且以什么样的顺序展示。一个典型的策略是,按它们在语言中出现频率的递减顺序呈现。注意,这种处理方式没有使用拼写错误的上下文。例如,在查询"trial lawers"中出现的拼写错误,不会影响到建议更正词汇的展示顺序。在拼写校正过程中不考虑上下文,也使得在查询中的一些拼写错误被忽略了,因为这些拼写错误产生了另一个词。例如,在查询"miniature golf curses"时,显然是单个字符删除错误的例子,用户原本输入的查询应该是"golf courses",但是其中的拼写错误产生了词"curses",这个词本身是正确的,所以就不能检测到这个查询中的拼写错误。

采用"Did you mean…"方式的典型界面中,要求拼写检查器生成一个简单的并且最优的建议。这意味着查询的拼写检查与字处理的拼写检查相比,利用上下文和频率信息去排序更正建议是最重要的,在字处理拼写检查中的更正建议,可以采用下拉列表的形式。

◈ 5.3　查询扩展

目前,大部分搜索引擎都以关键词为基础,通过字符匹配来检索内容,但语言中普遍存在同义、歧义的词语,所以可能会出现检索不匹配的情况。为了进一步满足用户的信息需求,需要对查询扩展技术进行完善和更新。

查询扩展是解决用户查询和文档词语之间词不匹配的一个有效手段。它根据用户输入的初始查询语句,通过一些有效的扩展算法添加一些与用户初始查询相关的词语作为扩展词,使用扩展词集合去检索,从而使返回的结果中包含更多与初始查询相关的页面。

查询扩展技术通常是基于对指定的文档集中词或词项共现的分析,文档集可以采用全部的文档集合、大规模的查询集合,或者在排序结果中最高排序的文档集。

5.3.1　基于全局分析的查询扩展

1. 全局聚类

全局聚类,就是聚类文档集中的各个词语,根据聚类结果生成相应的簇,然后通过某种策略选取扩展词,达到查询扩展的目的。早在 1971 年,国外就有学者提出了聚类算法的概念,这种方式有一个假定基础,就是文档中有两个相关词语,因此有很大概率会在文档集中同时出现。所以,学者通过全局词语共现进行聚类,之后再进行查询扩展。然而,实验结果没有想象中成功。

随后对这种方法又进行了一段时间的研究,使该方法有了更强的适用性,促进了检索系统的改善,提升了检索性能。但该方法也有明显的缺点,即对歧义词的处理能力较差,如果查询内容的意义较多,则该方法难以进行聚类簇分配,进而导致检索结果比较含糊,从而会影响系统检索性能。所以,在技术研究的过程中,要合理应用该技术方法,做到扬长避短。

2. 语义扩展

搜索引擎需要考虑不同知识域的信息差异,以及用户查询与扩展词之间的语义关系,克服训练数据集较小的困难,更加准确地表达和扩展查询以提高查全率和查准率。语义扩展查询方法是有效提升查询准确率与召回率的方法之一,其主要包括四个步骤:数据预处理,产生并排序候选特征,候选特征词选择,查询词重组,如图 5-6 所示。

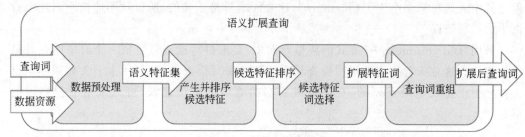

图 5-6　语义扩展查询步骤

语义概念查询扩展技术通过构建语义概念空间确定概念及概念之间的语义关系,实现同义词扩展、语义蕴含扩展、语义外延扩展和语义相关扩展。语义概念查询扩展技术能有效提高信息检索性能。

基于相关反馈与伪相关反馈的查询扩展

5.3.2　基于相关反馈和伪相关反馈的查询扩展

相关反馈是一种查询扩展和查询提炼技术,最初在 20 世纪 60 年代提出,依靠系统与用户的交互过程,识别出在用户初始查询的排序文档中的相关文档。在相关反馈中,让用户指出哪些文档是感兴趣的,以及哪些是完全不相关的。根据这些信息,系统增加词项或对原始词项重新分配权重,自动地改写查询,并用改写的查询生成新的文档排序。

通常的做法是,当一些词在相关文档中出现的频率比不相关文档或整个文档更高时,就将这些词增加到查询中,或者提高它们的权重。在伪相关反馈中,也是采用了相同的思想,但不是让用户自己去识别相关的文档,而是系统将排序靠前的文档假设是相关的。在这些文档中,频繁出现的词被用作扩展用户的初始查询,具体的做法也要取决于所采用的检索模型。由伪相关反馈产生的扩展词项是根据整个查询的,因为它们是在这个查询的排序靠前的文档中抽取出来的,但是扩展的质量是由排序靠前的文档有多少是实际相关而决定的。

下面通过一个例子来说明这个方法是如何实现的。图 5-7 是一个查询"New space satellite applications"的搜索排序结果,其中最左侧列是相关性评分。

用户使用"+"标记相关的文档,通过对这些文档进行全文分析,可以得到其中出现最频繁的词项以及相应的频率。其中,停用词不适合用作扩展的词项,它们不能表示出这些文档所包含的主题。改进这个过程的一个简单方法是,在文档的页面摘要中对词计数,并且去除停用词。通过这样的分析方法得到了下面这些高频词。

```
+ 1. 0.539, 08/13/91, NASA Hasn't Scrapped Imaging Spectrometer
+ 2. 0.533, 07/09/91, NASA Scratches Environment Gear From Satellite Plan
  3. 0.528, 04/04/90, Science Panel Backs NASA Satellite Plan, But Urges Launches of Smaller
     Probes
  4. 0.526, 09/09/91, A NASA Satellite Project Accomplishes Incredible Feat: Staying Within
     Budget
  5. 0.525, 07/24/90, Scientist Who Exposed Global Warming Proposes Satellites for Climate
     Research
  6. 0.524, 08/22/90, Report Provides Support for the Critics Of Using Big Satellites to Study
     Climate
  7. 0.516, 04/13/87, Arianespace Receives Satellite Launch Pact  From Telesat Canada
+ 8. 0.509, 12/02/87, Telecommunications Tale of Two Companies
```

图 5-7　网页相关性排序结果

```
new, space, satellite, eos, launch, instrument, aster, application, nasa,
arianespace, bundespost, ss, rocket, scientist, broadcast, earch, oil, measure
```

这些词是用作查询扩展的更好的候选词项,使用这些词的主要作用是增加扩展词项的权重,图 5-8 是重新对这些词语赋的权重值。

2.074	new	15.106	space
30.816	satellite	5.660	application
5.991	nasa	5.196	eos
4.196	launch	3.972	aster
3.516	instrument	3.446	arianespace
3.004	bundespost	2.806	ss
2.790	rocket	2.053	scientist
2.003	broadcast	1.172	earth
0.836	oil	0.646	measure

图 5-8　扩展词项权重值

图 5-9 是经过相关反馈查询扩展,重新搜索"New space satellite applications"的搜索排序结果,与图 5-7 相比,原先排在第 2 名的文档,经过相关反馈查询扩展排在了第 1 位。

```
2 1. 0.513, 07/09/91, NASA Scratches Environment Gear From Satellite Plan
1 2. 0.500, 08/13/91, NASA Hasn't Scrapped Imaging Spectrometer
  3. 0.493, 08/07/89, When the Pentagon Launches a Secret Satellite,  Space Sleuths Do
     Some Spy Work of Their Own
  4. 0.493, 07/31/89, NASA Uses 'Warm' Superconductors For Fast Circuit
8 5. 0.492, 12/02/87, Telecommunications Tale of Two Companies
  6. 0.491, 07/09/91, Soviets May Adapt Parts of SS-20 Missile For Commercial Use
  7. 0.490, 07/12/88, Gaping Gap: Pentagon Lags in Race To Match the Soviets In Rocket
     Launchers
  8. 0.490, 06/14/90, Rescue of Satellite By Space Agency To Cost $90 Million
```

图 5-9　New space satellite applications 排序结果

相关反馈也可以用在其他应用中,如文档过滤。过滤涉及追溯一个人随时间而改变的兴趣,并且在有些应用中,允许人们使用相关反馈去调整他们的个人描述文件。另一个相关反馈的简单应用是,在一些早期的搜索引擎中所采用的"more like this"功能,这个功能允许用户单击在搜索结果列表中与文档相关联的一个链接,这样可以产生与单击文档相似的另一个文档排序列表。这是一个相关反馈过程,但是对于训练数据仅限于一个相关文档。

伪相关反馈,也称为盲式相关反馈,提供的是一种自动局部分析方法,它是自动化相关反馈的手动操作部分,因此用户可不用参与额外的交互也可以获得更好的检索性能。这种方法首先通过普通检索从最相关的文档中寻找到一个初始结果,然后假定其中排名在前"k"的文档是相关的,最后在这个假设条件下像前面一样进行相关反馈。过程步骤如下。

(1) 把初始查询返回的结果当成相关结果(在大多数实验中仅前 k 个,k 为位于 10 和 50 之间的数)。

(2) 使用如 TF-IDF 权重的方法从这些文档中选择前 20~30(象征性的数字)个词语。

(3) 执行查询扩展,将这些词语加入查询中,然后再去匹配查询所返回的文档,最终返回最相关的文档。

一些实验,Cornell SMART 系统(Buckley et al.1995),在 TREC 4 实验环境中使用伪相关反馈提升了其检索系统的性能。这种自动化技术在大多数情况下都工作正常,有证据表明甚至好于全局分析。

通过查询扩展,一些在初始查询中错过的文档能被重新获得,从而提高了整体性能。很显然,这种方法的效果非常依赖于所选择的扩展词语的质量,目前已经发现它在 TREC 任务中提高了性能。但是,它并没有避免自动处理过程的危险。例如,如果需要查询的是铜矿,而且位于前面的一些文档都是关于智利的铜矿,那么在查询方向上会逐渐偏向于那些与智利有关的文档。此外,如果加入原始查询的词语与查询主题并不相关,检索质量有可能会下降,尤其是在 Web 搜索中,Web 文档经常会覆盖多个不同的主题。

5.3.3 基于查询日志的查询扩展

查询日志是用户在某一个搜索引擎上进行信息查询、信息浏览整个过程的记录。它包含一个用户从打开浏览器、进入某一个搜索引擎页面、输入查询词、返回结果、浏览页面,到关闭浏览器的整个用户的行为过程,所以,查询日志里面记录了很多用户查询行为过程的信息。通过分析这些信息,可以建立一个初始查询与用户文档之间的关联关系图,采用一些算法对用户文档打分、排序,从中选出相关性最高的前 n 篇用户文档作为相关用户文档集合。基于查询日志的查询扩展首先对查询日志和用户文件进行预处理,得到可以使用的查询日志结构和用户文档,并过滤相关用户文档集合,最后获取用户文档中词语和查询集合的相似度列表,选择排名前 m 位的词语作为查询扩展用词。图 5-10 是算法的总体流程图。

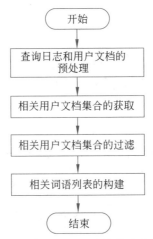

图 5-10　基于查询日志的算法流程图

◆ 5.4　上下文和个性化

当前搜索引擎的一个特点是,对于相同的查询给出相同的检索结果,而不管是什么时间提交的查询,为什么提交查询,在什么地方提交的查询,在一个对话期间还提交过什么其他的查询。所有这些事项是要选择可以用哪些词来描述当前的查询。另外,还有一些统称为查询上下文的因素,也会影响检索出文档的相关性,并能够对排序算法产生很大影响。但是已经证实大部分的上下文信息是难以获取的,并且很难用对改善排序结果始终有效的方式进行表达。

有一些研究通过学习用户模型或者描述文件去表示用户的兴趣,使得搜索能够个性化。最常见的建议是,根据用户查看的文件建立描述文件,例如,访问的网页、邮件信息,或者桌面上的字处理文档。这样的描述文件用不同权重的词来表示一个用户。与这个用户相关的文档中频繁出现的词,但又不是一些常见词,将被赋予很高的权重。但是在文档中会包含几百个甚至几千个词,并且用户访问的文档只能代表他们兴趣的一个方面,所以这个模型不是很明确。

基于用户模型实现个性化的方法,涉及的另一个问题是隐私。人们已经开始担忧存在公司或政府部门数据库中的个人详细信息。以匿名形式搜索和浏览网页已经逐渐成为研究和开发中的共识,所以在搜索引擎中,根据用户上网行为创建描述文件可能会不受欢迎,尤其目前这种做法的益处还不是很明确。其中,如图 5-11 所示的 DuckDuckGo 就是一种匿名搜索引擎。

用户模型和隐私上的问题,并不意味着上下文的信息没有用,而是对于任何使用上下文方法获得的益处,都要仔细地检查。在一些应用中,使用上下文信息明显是有效的,其中一种是使用检索记录和点击流数据去改善网络搜索性能,在这种应用中,上下文是指先前相同或相似的搜索历史,通常这个搜索历史是基于全部的用户群体。个别用户的检索历史也可以用作对整体检索查询的“缓存”结果,但是使用用户群体的大量查询显然会更

图 5-11　DuckDuckGo 匿名搜索引擎

加有效。

　　另一个有效使用上下文的应用是本地搜索,它是从查询中或者从提交查询设备的位置信息中获得的地理信息,并根据这些信息调整排序结果。基于查询的本地搜索包含以下步骤。

　　(1)识别与网页相关联的地理区域。这可以通过人工加入文档中的位置元数据进行识别,或者通过自动方式识别位置。例如,在文档中的地名、城市名称、国家名称等。

　　(2)采用一些自动技术识别出与查询相关联的地理区域。根据对查询日志的分析显示,10%~15%的查询中包含位置相关信息。

　　(3)将查询和文档中位置信息的对比结果结合,通常采用文本特征和链接特征,对网页进行排序。

　　总之,对于改善搜索质量最有效的上下文信息是,在搜索引擎中已经发生的交互过程(即查询日志和搜索会话历史)。使用了地理上下文信息的本地搜索也能够对一部分查询产生实质性的改善。查询扩展通过增加词项丰富了查询,本地搜索提供了地理上距离的信息,这两种做法都使用上下文信息作为补充特征改善初始查询。

◆ 5.5　查 询 推 荐

结果聚类、
查询推荐

　　查询推荐是一种提高用户搜索效率的重要技术,其核心任务是帮助用户构造有效查询并以此准确描述用户信息需求。作为当今搜索引擎的核心技术之一,查询推荐吸引了学术界和工业界的广泛关注,一直以来都是信息检索领域中重要的研究主题。

　　查询推荐是一种实现用户与搜索引擎进行交互的检索词理解技术,其主要思想是通过对用户提交的查询词进行相似度计算,把与用户提交的查询词相关的检索词推荐给用户。当用户对搜索引擎返回的结果不满意且推荐查询中有更能表达其意思的检索词时,用户会选择重新检索,有助于为用户提供更高质量的检索服务。

　　搜索引擎提供的查询推荐服务主要包括查询自动补全与查询重构推荐。查询自动补全是指搜索引擎根据用户在搜索框中输入的查询前缀、中缀或者后缀,通过字符匹配在搜索框中的下拉列表中自动生成了与原查询包含部分共同词的候选查询列表。图 5-12 是 Google 搜索时查询自动补全功能。

图 5-12 查询自动补全

查询重构推荐是指当用户完成查询输入后,通过对原查询进行替换、删除或添加词等操作,在检索结果页面后面生成与原查询相关的候选结果列表。其中,查询自动补全的推荐结果局限于利用与初始查询包含共同词的候选查询来定位用户意图,限制了可用于解释用户可能意图的查询表达式,无法提高相关推荐;而查询重构推荐不受此限制,其推荐结果可用各种不同形式的查询表达式来描述用户可能意图,更能体现用户查询语义的多样化。

根据所依赖的数据不同,查询推荐技术可分为两类:基于文档的方法和基于查询日志的方法。

5.5.1 基于文档的方法

基于文档的方法主要通过处理包含查询的相关文档来找出与查询相关的词或短语,然后用这些词或短语构成要推荐的查询。基于文档的方法主要分为三类:全局文档集分析,局部文档集分析和分析人工编辑语料(如词典、维基百科等)。全局文档集分析指的是对一个包含多个文档的整体数据集进行语义分析和关系挖掘的过程,它可以帮助我们发现不同文档之间的相关性。局部文档集分析只分析部分文档来找出查询相关词,通常基于相关文档分析处理。分析人工编辑语料指的是对由人类专门编辑、整理和维护的语言数据集进行深入分析的过程。这些语料库通常包括词典、百科全书、专业术语、语法规则等,具有较高的可靠性和准确性。

1. 全局文档集分析

全局文档集分析利用所有文档分析文档中词与词的关系,找出与查询词关系紧密的其他词,进而构造推荐查询。最直观的想法,可以根据每个词 $t_i (1 \leqslant i \leqslant n)$ 在各个文档 $d_j (1 \leqslant j \leqslant m)$ 中出现的概率 w_{ij} 构造一个 $n \times m$ 矩阵 W,那么每个词 t_i 就可以用一个向量 $w_i = (w_{i1}, w_{i2}, \cdots)$ 表示,这样词 t_i 和 t_j 间的相似度 $S(t_i, t_j)$ 就转换为衡量向量 w_i 和 w_j 的相似度。最简单的方法可以通过 w_i 和 w_j 的内积计算,即 $S(t_i, t_j) = \sum_k (w_{ik} \cdot w_{jk})$。

进一步地,可以采用 TF-IDF 等信息检索思想定义权重 w_{ij},将向量内积替换为更精确的相似度算法,从而提高结果准确度。

2. 局部文档集分析

局部文档集分析仅解析一部分文档来查找与查询相关的词,通常基于相关文档的解析处理。直观上,与查询相关的词或短语更有可能出现在相关文档中,只有解析相关文档才能找到与查询相关的词。但是,获取相关文档很困难,常用的技术是假设搜索返回的排名靠前文档是相关的。因为这些文档实际上并不是相关文档,所以它们通常也被称为伪相关文档。

有很多方法利用伪相关文档检索查询相关词。首先,伪相关文档中出现的高频非停用词可以作为查询相关词。由于伪相关文档中都包含查询词,这种方法其实就是找出在查询词出现的条件下出现概率最高的那些词语作为相关词。但方法的前提假设是能找到查询相关文档,能否找出查询相关文档本身就是一个困难问题。伪相关文档毕竟不是真正的相关文档,它们会引入不相关文档而降低准确度。

3. 基于人工编辑语料的方法

随着信息技术和互联网的发展,现在有很多编辑良好的描述词与词之间关系的数据,利用这些资源可以发现词与词间的语义联系,构造相关查询。这类方法通过利用词典(例如 WordNet,见图 5-13)或其他人工编辑好的数据(如 Wikipedia、Open Directory Project,见图 5-14)查找相关查询词或短语。这类方法的结果往往比较准确,但是难以处理那些尚未编辑的新出现查询词,而新词却在用户搜索中占很大比例。

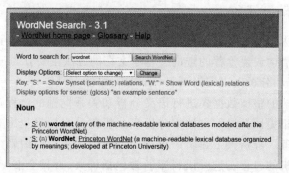

图 5-13　WordNet 词典

尽管基于文档的方法可以找出与当前查询相关的一系列词或短语,但是要完成查询推荐还需要将这些相关词或短语组合成合适的搜索引擎查询。搜索引擎查询不同于人类自然语言中的问题,它有其自身的特点,如何组合成合适的查询本身也是一个难题。搜索引擎查询日志中记录了用户构造的各种真实查询,通过分析查询日志更容易找出并推荐合适的查询。

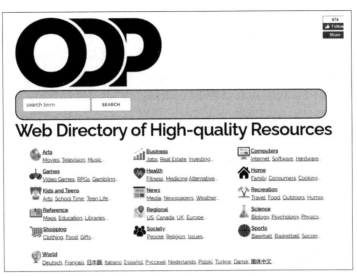

图 5-14　Open Directory Project 网页

5.5.2　基于查询日志的方法

当用户搜索时,搜索引擎通常会将用户的行为记录下来,这些记录数据构成了搜索引擎查询日志。查询日志中每条记录对应于用户的一次行为,例如,开启一次新的查询、单击一个搜索结果链接、翻看新一页的搜索结果等。查询日志中记录了用户单击文档和其他用户的搜索行为信息,这些重要信息是基于文档的方法难以提供的。利用查询日志中记录的各种信息,可以挖掘出不同查询间的联系。现有方法主要利用查询间的共有属性来挖掘查询间的联系紧密程度,这些属性特征主要包括:查询共同出现在同一搜索过程(Session)的次数、查询共有的相同或相似的单击 URL、日志中不同查询间的文本相似度、两查询出现频率随时间分布的相关性。根据所依赖的特征不同,这里将基于日志的方法分为四类:基于 Session 的方法、基于单击 URL 的方法、基于文本相似度的方法和基于时间分布的方法。

1. 基于 Session 的方法

用户在搜索过程中为了同一个检索目标所做的一系列检索行为构成了一个 Session。很多时候,一个 Session 中会包含多个查询,这表明用户对 Session 中初始查询的检索结果不满意,后来他又重新构造一个或多个表达同一搜索意图的查询。

用户搜索 Session 中的信息可以从多方面帮助查询推荐。首先,可以用历史用户的搜索经验,直接向当前用户推荐之前用户最终找到正确答案所用的查询。其次,经常出现在同一 Session 中的两个查询很有可能是语义相似的,因为它们多次表达同一查询意图。由此,可以根据 Session 中查询的共现信息利用关联规则、互信息、相似度算法度量查询间相关性。最后,Session 相对于单个查询,提供了更多有助于明确查询意图的信息,根据整个 Session 而非单个查询进行推荐将会更加准确。

　　基于 Session 的方法需要首先将查询日志划分成多个 Session,而 Session 划分好坏会影响查询推荐的准确率。传统方法根据同一用户两个相邻查询间的时间间隔判断这两个查询是否处于同一 Session 中,如果时间间隔大于一个设定的阈值,则在这两个查询间进行 Session 划分。

　　举一个简单的例子:很多用户会搜索"58 同城"或"赶集网"这类生活服务类网站,如果想知道用户搜这类信息的根本需求是什么,可以通过行为日志抽取出具体的 Session 信息进行归纳统计,最后发现 74% 的用户都是为了去往该网站,但是还有 26% 的用户并非寻址,而是另有意图,具体这部分用户的需求分布如图 5-15 所示。

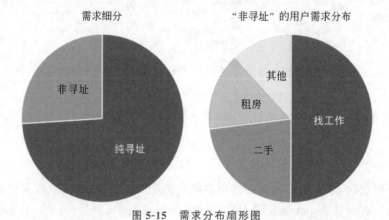

图 5-15　需求分布扇形图

　　具体需求对应的 Session 示例如表 5-1 所示。

表 5-1　Session 片段实例

找工作需求		二手需求		租房需求	
时　间	典型的 Session 片段	时　间	典型的 Session 片段	时　间	典型的 Session 片段
18:59:36	58 同城	08:12:11	58 同城	20:37:34	58 同城
18:59:49	58 同城网招聘	20:13:11	58 同城大庆	20:38:26	租房子 58 同城
19:01:51	58 同城找兼职日结工资	20:15:52	大庆百姓网	20:39:01	租房子贵阳 58 同城
19:11:55	58 同城找兼职时间在 8:30—16:00	20:18:05	大庆二手车市场 58 同城	20:44:45	单间租房
19:15:52	58 同城找兼职有双休	20:19:11	58 同城大庆电动车	20:45:52	单间租房 200 元

2. 基于单击 URL 的方法

　　查询日志中记录了每次查询时用户单击的 URL,这些 URL 可用来挖掘查询间的关系紧密程度。如果两个查询所对应的单击 URL 很多都是相同或相似的,那么这两个查询就有很大的相关性。根据此思想,很多查询推荐算法被提出。

　　最开始的工作主要利用相同单击 URL 衡量查询相关性。进一步地,查询 Q_i 可以表示成由其所对应 URL 构成的向量 $(U_{i1}, U_{i2}, \cdots, U_{im})$,然后应用向量空间检索模型计算不同查询间的相似度。其中,U_{ia} 表示第 a 个 URL 的权重,它的值可以用最简单的第 a 个 URL 在查询 Q_i 中出现的次数表示,也可以根据 TF-IDF 思想做适当改进。

查询日志统计分析显示一次查询平均只有几次单击,也即表示查询的向量往往非常稀疏。实际上,对一个查询,用户往往只单击前一两页中的某几个结果,很多相似查询没有相同的单击 URL。为了应对这一问题,首先可以在计算查询相似度时,把相似 URL 也考虑进去,拥有内容相似单击 URL 的查询也应该是相似的。既然可以根据单击 URL 算出查询间的相似度,反过来依据 URL 所对应的查询同样可以求得 URL 间的相似度,这样不断迭代就可以同时得到查询间和 URL 间的更精确的相似度。其次,如果能把查询或 URL 的空间维度降低,也能避免数据稀疏的问题。

3. 基于文本相似度的方法

查询是由词和短语构成的对象,传统的文本信息检索模型或文本编辑距离同样可以用来度量查询相似度。但是搜索引擎查询通常很短,平均长度不到三个词,直接对日志中查询计算相似度的效果并不好。例如,查询"电脑"和"计算机"相关,但是却没有相同的查询词;查询"汽车引擎"和"搜索引擎"不相关,却有 50% 的查询词重叠。

如果能对日志中查询的文本内容进行扩充,就能避免上述问题。为此,很多研究用伪相关文档构造表示查询的文档 QD,进而利用 QD 间的相似度计算其所对应查询的相似度。直观来看,用户单击过的文档比直接用所有排名靠前的文档似乎更相关一些,但实际上搜索引擎排序对用户单击同样会产生很大影响,用户单击频率排序经常跟搜索引擎排序是一致的。

4. 基于时间分布的方法

相似查询的搜索频率在时间分布上应该是相似的,例如,查询"沃尔玛"和"山姆会员店"在不同时间段的分布都是比较均匀的,而查询"北京冬奥会"和"中国金牌榜"这样的查询频率分布在同一特定时间有明显的尖峰。此外,查询推荐也应该考虑查询频率在时间上的分布情况,有的查询有其重要时间段,在这个时间段的推荐将更有效。

基于日志的方法根据用户搜索历史推荐查询,相对于基于文档的方法,其构造的查询更符合用户查询的特点。但是查询在日志中的出现频率呈指数分布,大多数查询在日志中出现次数不多。这使得基于日志的方法面临更严重的数据稀疏问题,基于时间分布的方法在处理流行查询时可以取得不错的效果,但是对出现次数较少的查询准确度较差。

查询推荐方法总结见表 5-2。

表 5-2 查询推荐方法总结

基于文档的方法	优 点	缺 点	基于日志的方法	优 点	缺 点
全局文档分析	可直接利用语料数据进行分析	计算量大	基于 Session 信息	Session 信息反映了查询意图与查询间的语义相关性	Session 信息较少,存在信息稀疏

续表

基于文档的方法	优　　点	缺　　点	基于日志的方法	优　　点	缺　　点
局部文档分析	只分析查询文档,降低计算开销	难以获取查询文档	基于单击 URL	扩充了查询内容,便于技术处理	依赖检索效率,且结果含噪声
利用语义资源	处理简单,结果准确	难以处理网络新词汇	基于文本相似度	利用信息检索模型直接对查询处理	文本信息少,结果不准确
			基于时间信息	考虑了不同查询间的时间分布差异	只能作为其他结果补充,本身缺少实用效果

◆ 5.6　搜索结果显示

　　用户与搜索引擎之间是否能够成功地进行交互,取决于用户对检索结果的理解。尽管已经提出了各种展示检索输出结果的可视化技术,但是大部分的搜索引擎采用排序的文档摘要列表构成检索结果页面,这些文档摘要与实际的文档或页面相链接。网络搜索的文档摘要通常包括页面的标题、URL、真实页面和页面快照的链接,还有更为重要的简短文本摘要或者称为页面摘要,用来传达页面中的内容。另外,大部分的结果页面中,还包含一些广告的简短描述和链接。图 5-16 是网络搜索结果页面中的一个文档摘要的例子。

Tropical fish - Wikipedia
Tropical fish are generally those fish found in aquatic tropical environments around the world. Fishkeepers often keep tropical fish in freshwater and ...
Aquarium fish · Freshwater tropical fish · Saltwater tropical fish

图 5-16　搜索文档摘要示例

　　搜索结果页(Search Engine Results Page,SERP)是指搜索引擎对某个搜索请求反馈的结果页面。根据搜索类型的不同,可以有图片、视频、新闻资讯、博客等不同的结果页。现在随着搜索引擎技术的进一步发展,搜索结果页包含的信息也越来越丰富,某些搜索引擎的搜索结果页可能会同时包含几种不同类型的搜索结果,各大搜索引擎都在致力于提供更丰富和方便的搜索结果页。搜索结果列表中的页面通常已按搜索引擎的算法(如Google 的 PageRank)排序,越靠前的页面相关性就越高。

　　搜索结果页除了网页标题、链接等基本信息,搜索引擎有时还会根据情况提供其他一些信息,例如:

　　(1) 最后抓取页面的日期和时间。

　　(2) 搜索结果网页的文件大小。

　　(3) 和搜索结果相关的同网站的其他链接。

　　(4) 搜索结果网页上的其他相关信息,如评论、打分和联系信息等。

（5）其他搜索类型的部分结果，如图片、视频。

除了传统的搜索结果页面，Google 还支持许多有趣的搜索结果呈现元素，包括富媒体搜索结果、知识面板条目等。

1. 富媒体搜索结果

富媒体搜索结果是指包含图形元素（包括评价星级、缩略图或某种视觉增强选项）的搜索结果。富媒体搜索结果可独立存在于搜索结果中，某些类型的富媒体搜索结果可包含在搜索结果轮播界面中，如图 5-17 所示。

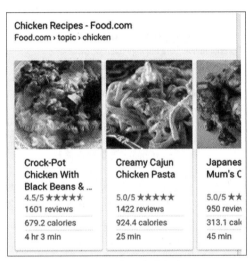

图 5-17　食谱卡片轮播

富媒体搜索结果有许多种类。大多数富媒体搜索结果都会链接到所显示的特定内容类型（图书、影片、文章等）。确切的呈现效果可能会随着时间的推移而改变，在大多数情况下，可通过在网页编码中提供结构化数据为搜索功能提供信息。

2. 知识面板条目

Google 知识面板是一系列来自一个或多个网页的信息，会显示在包含图片、文字和链接的富媒体搜索结果中，如图 5-18 所示。

3. 广告与搜索

广告是搜索引擎中的关键部分，因为搜索引擎公司要用它来获取收益。对于在搜索结果中展示广告来说，目的是要找到符合查询上下文信息的广告。当浏览网页时，应根据网页内容选择要展示的广告。内容关联广告的想法是让更多用户去点击广告，这也决定了广告的费用。搜索引擎公司维护一个广告数据库，在其中搜索到与查询或网页最相关的广告。在这个数据库中的广告通常包括简短的文本描述和详细介绍产品或服务的页面链接，所以广告数据库的搜索可被看作常规文本搜索的一个特殊情况。

但事情也不是那么简单，不能仅根据简单文本的排序去选择广告。广告客户会出价

图 5-18　Google 搜索知识面板

竞买一些能够描述产品主题的关键词,因此,与查询匹配的关键词价格也是选择广告的重要因素。另外,有些广告对于用户群体更具吸引力,可以产生更多的点击流,因此,广告的受欢迎程度也是选择广告的一个重要因素。广告的受欢迎程度可以通过一段时间内查询日志中的点击流数据来衡量,并可以根据全部查询或一些具体查询来衡量。具体查询的受欢迎程度只能用于一些定期出现的查询。对于大部分不常出现的查询,可以采用广告的普遍受欢迎程度。通过考虑所有这些因素,即相关性、出价、受欢迎程度,搜索引擎公司可以制定一些策略来最大化其预期利润。

◆ 小　结

　　本章介绍了用户交互的相关知识,用户使用搜索引擎的信息需求,对于查询词的转换与提炼,包括中文分词技术与停用词去除、拼写检查、查询扩展以及上下文和个性化技术。最后,介绍了查询推荐。查询推荐技术用于找出与初始查询或关键词相关的其他查询或关键词,被广泛用于搜索引擎中,是当今搜索引擎的必备技术之一。

◆ 习　题

　　1. 下列关于拼写错误的说法中,错误的是(　　　)。
　　　A. 网络搜索中,10%～15%的查询含有拼写错误
　　　B. 在拼写词典中没有的词,就建议用户更正它们
　　　C. 衡量拼写错误的标准只有编辑距离
　　　D. 将没有的词与词典中的词进行相似比较,以便提出更正建议

2. 下列关于查询日志的说法中,错误的是(　　)。

    A. 大多数的多用户操作系统、正规的大型软件、多数安全设备都有日志功能

    B. 基于搜索结果的查询日志进行分析会更高效

    C. 查询日志仅支持单个进行查看

    D. 日志是指系统或软件生成的记录文件

3. 下列关于查询推荐技术的说法中,错误的是(　　)。

    A. 基于时间分布的查询推荐方法的重点是:查询时间的长短

    B. 两种典型的查询推荐技术是基于文档的方法和基于日志的方法

    C. 基于文档的方法利用所有文档分析文档中词与词的关系,找出与查询词关系紧密的其他词,进而推荐查询

    D. 基于单击 URL 的方法,记录每次查询时用户单击的 URL,用来挖掘查询间的关系紧密程度

4. 伪相关反馈与相关反馈不同的是,不是让用户自己去识别文档,而是系统将排序靠前的文档假设是相关的。上述说法是否正确?(　　)

5. 根据用户日志从个性化推荐的角度来分析也是一种特殊的查询扩展方式,实质上就是一种以用户需求为中心的查询扩展服务。上述说法是否正确?(　　)

6. 为了解决搜索结果与查询主题不匹配的问题,通过结果聚类把主题相近的内容合并成一类,可以快速帮助用户找到对应的结果。上述说法是否正确?(　　)

7. 在搜索结果中显示好的广告是要有智慧性的,可以通过用户日志来分析最适合的广告,所以通常要对广告进行词干替换等操作。上述说法是否正确?(　　)

8. 在 5.1 节信息需求与查询中,提到用户在查询时的需求分为 6 类。请具体写出这 6 类。

9. 具体描述查询扩展技术有哪些并解释。

10. 具体描述查询推荐技术。

11. 在索引构建的过程中也会进行词干提取的操作,与查询时进行词干处理的操作有何区别?

检索模型与搜索排序

第6章

本章学习目标

- 熟练掌握检索模型的相关知识。
- 掌握概率模型、语言模型、排序模型的原理。
- 了解基于机器学习的排序方法。

检索模型是用来衡量查询与文档之间相似度的一种数学模型。它是搜索引擎核心组成部分之一,用于根据用户的查询内容来匹配最相关的文档。检索模型的目标是尽可能地将与查询相关的文档排在搜索结果的前面,以提供最优的用户体验。

常见的检索模型包括概率模型、语言模型和排序模型。其中,概率模型和语言模型都是基于文本统计的方法,而排序模型则是基于机器学习的方法。每种模型都有其优点和局限性,需要根据实际应用场景来选择最适合的模型。

◆ 6.1 检索模型概述

布尔模型、
向量空间模型

检索模型是信息检索系统的核心组成部分之一,通常基于某种数学模型,计算每个文档与用户查询之间的相似度得分,并将相似度得分高的文档作为检索结果返回给用户。

在信息检索的研究中,一个主要的目标就是要理解和形式化人们判定一段文本与所需信息是否相关的过程。要达到这个目的,需要理解语言是如何表示的以及人脑是如何处理的。通过提出基于相关性的检索模型,比较模型和人类行为来验证这些理论。也即,基于好的检索模型的排序算法,能够在排序结果的顶部返回相关的文档(具有较高的有效性)。具体来说,检索模型的基本原理包括以下几方面,如图 6-1 所示。

(1) 文档表示:检索模型需要将文档表示成可计算的形式,一般是将文档表示为一个向量,向量的每个维度表示文档中一个特定的特征。常用的文档表示方法包括基于词频的表示方法和基于词向量的表示方法。

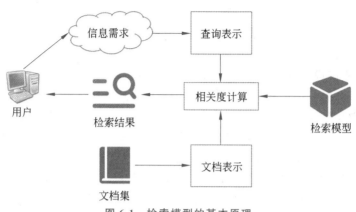

图 6-1 检索模型的基本原理

（2）查询表示：与文档一样，查询也需要被表示为一个向量。通常情况下，查询向量的每个维度表示一个查询词是否出现在查询中，以及出现的频率。

（3）相关度计算：将文档向量和查询向量进行相关度计算，以确定文档与查询的相关度。常用的相关度计算方法包括余弦相似度、欧氏距离、Jaccard 相似度等。

（4）检索结果排序：将文档按照与查询的相关度得分进行排序，将得分高的文档排在前面，作为检索结果返回给用户。

在本章接下来的内容中，将根据模型的发展历程对各类模型进行介绍。从经典简单的布尔模型、向量空间模型到概率模型、二元模型、语言模型，再到排序模型以及当前被广泛提及的机器学习方面相关的模型。

6.1.1 布尔模型

布尔模型是检索模型中最简单的一种。在布尔模型中，文档与用户查询由其包含的单词集合来表示，两者的相似性通过布尔代数运算来进行判定。用户查询一般使用逻辑表达式，基于常见的"与""或""非"三种逻辑运算符将用户的查询词串联，以此作为用户的信息需求表达。三种运算符如图 6-2 所示。

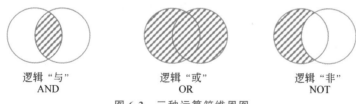

| 逻辑"与" | 逻辑"或" | 逻辑"非" |
| AND | OR | NOT |

图 6-2 三种运算符维恩图

例如，当用户查询为"百度 AND 搜索引擎"，就会检索出同时包含"百度"和"搜索引擎"两个关键词的文档。再例如这个查询：从文档集合 $D = \{d_1, d_2, \cdots, d_n\}$ 中检索出包含"北京高校"，或者"北京高中"，但不包括"北京初中"的文档，其中，d_n 表示第 n 个文档的内容。

假设 $D = \{$"北京的高校很多，北京的很多高校在全国都很有名"，"北京是中国首都，北京有故宫等著名景点，我的一个初中同学说她很向往北京的高中"，"初中和高中一

般都是三年制”,“北京的初中很有名”}

将查询语句表示为布尔表达式:

$$Q = 北京 \text{ AND } (高校 \text{ OR } 高中) \text{ NOT } 初中$$

将布尔表达式 Q 转换为查询向量表达如下。

查询向量 1:(1,1,0,0)即包含“北京”和“高校”,且不包含“高中”和“初中”的语句

查询向量 2:(1,0,1,0)即包含“北京”和“高中”,且不包含“高校”和“初中”的语句

查询向量 3:(1,1,1,0)即包含“北京”“高校”和“高中”,且不包含“初中”的语句

文档集合 D 中的四篇文档对应的向量值如果包含于上述 1、2、3 向量中的任何一个,就可认为它们是所需要的检索结果,将文档集合 D 解析为向量表达如下。

d_1:“北京的高校很多,北京的很多高校在全国都很有名”,对应的向量解析为(1,1,0,0)。

d_2:“北京是中国首都,北京有故宫等著名景点,我的一个初中同学说她很向往北京的高中”,对应的向量解析为(1,0,1,1)。

d_3:“初中和高中一般都是三年制”,对应的向量解析为(0,0,1,1)。

d_4:“北京的初中很有名”,对应的向量解析为(1,0,0,1)。

综上可得,d_1 与查询向量 1 相同,所以查询召回文档为 d_1。从上述例子中,可以观察到布尔模型的特点如下。

第一,它是一种精确匹配检索,被检索到的文档都能够精确匹配检索需求,不满足的文档都不会被检索到。

第二,输出结果是二元的,结果要么相关,要么不相关。所以其只能判断是否相关,不能确定相关程度。即

(1) 布尔模型没有考虑索引词和文档中词的权重。

(2) 布尔模型是命中模型,不涉及对召回结果的排序。

(3) 布尔模型是完全匹配,不支持部分匹配,会导致太多或太少的结果被召回。

布尔模型是最简单的检索模型之一,易于理解和实现。由于布尔运算具有高效的实现方式,因此在处理大型文本集合时,布尔模型具有较高的检索效率。同时,布尔模型仅考虑查询词项是否存在于文档中,因此可以保证检索结果的精确性。

然而,布尔模型存在一些局限性。例如,如果使用“AND”运算符,那么只有包含所有查询中的术语的文档才会被检索出来。这可能会导致结果集过于狭窄,甚至没有任何匹配项。相反,如果使用“OR”运算符,那么所有包含任何一个查询术语的文档都会被检索出来,这可能会导致结果集太宽,不够精确。

扩展布尔模型被提出来以克服这些局限性。扩展布尔模型可以看作布尔模型和向量空间模型的一种结合。与传统的布尔模型不同,扩展布尔模型将每个文档表示为一个权重向量,其中,权重表示文档中每个术语的重要性,同样查询也被表示为一个权重向量,权重表示查询中每个术语的重要性。

在扩展布尔模型中,查询结果的计算是基于文档权重向量和查询权重向量之间的相似度计算。这种相似度计算可以使用余弦相似度或其他相似性度量进行计算。相似度得分可以被用来对检索结果进行排序,并根据相关性返回最相关的文档。

通过使用扩展布尔模型,可以解决传统布尔模型中存在的问题。因为文档和查询被表示为权重向量,所以查询结果不再局限于仅包含所有查询术语的文档。相反,相似度得分将会基于文档和查询权重向量之间的匹配度计算,从而使结果集更加准确和完整。同时,扩展布尔模型还可以保留传统布尔模型的优点,例如,快速检索和精确匹配。

6.1.2　向量空间模型

向量空间模型(Vector Space Model,VSM)最初由信息检索领域奠基人 Salton 教授提出。采用"部分匹配"的检索策略,即部分索引词也可以出现在检索结果中;这个模型对于查询与文档的相关度有较强的可计算性和可操作性,并且被广泛应用于文本检索、自动文摘、关键词自动提取、文本分类等方面。

文档 D 和查询 Q 均被看成是由标引词构成的向量,如图 6-3 所示,检索过程就是计算文档向量与查询向量之间的相似度,可以根据相似度值的不同,对检索结果进行排序。

模型中,文档和检索词都被假设是一个 t 维向量空间的一部分,其中,t 是索引词项(词语、词干、短语等)的个数。一篇文档 D_i 表示为索引词项的一个向量:

$$D_i = (d_{i1}, d_{i2}, \cdots d_{ij}, \cdots d_{it}) \quad (6\text{-}1)$$

式(6-1)中,d_{ij} 表示第 i 篇文档中第 j 个词项的权值。一个包含 n 个文档的数据集,可以

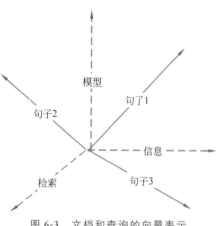

图 6-3　文档和查询的向量表示

表示为一个词项权值矩阵,如表 6-1 所示,其中每一行表示一篇文档,每一列表示对应文档在相关词项上的权值大小。

表 6-1　文档集的一般表示

	词项$_1$	词项$_2$	$\cdots$	词项$_t$
文档$_1$	d_{11}	d_{12}	$\cdots$	d_{1t}
文档$_2$	d_{21}	d_{22}	$\cdots$	d_{2t}
$\cdots$	$\cdots$			
文档$_n$	d_{n1}	d_{n2}	$\cdots$	d_{nt}

图 6-4 给出了一个采用向量表示四个文档的简单例子。这个词项-文档矩阵已经被转置,词项对应行向量,文档对应列向量。词项的权值通过统计在文档中出现的次数获得。在这个例子中,对文档统一进行了停用词去除,做了词形还原处理。例如,文档 D_3 表示为向量(1,1,0,2,0,1,0,1,0,0,1)。

查询项采用与文档相同的方式表示,即查询项 Q 表示为有 t 个权值的向量:

$$Q = (q_1, q_2, \cdots, q_j, \cdots, q_t) \quad (6\text{-}2)$$

式(6-2)中 q_j 是查询项中第 j 个词项的权值。例如,查询项是"tropical fish",采用

D₁ Tropical Freshwater Aquarium Fish.
D₂ Tropical Fish, Aquarium Care, Tank Setup.
D₃ Keeping Tropical Fish and Goldfish in Aquariums,
   and Fish Bowls.
D₄ The Tropical Tank Homepage - Tropical Fish and
   Aquariums.

Terms	Documents			
	D₁	D₂	D₃	D₄
aquarium	1	1	1	1
bowl	0	0	1	0
care	0	1	0	0
fish	1	1	2	1
freshwater	1	0	0	0
goldfish	0	0	1	0
homepage	0	0	0	1
keep	0	0	1	0
setup	0	1	0	0
tank	0	1	0	1
tropical	1	1	1	2

图 6-4　四篇文档组成的数据集的词项-文档矩阵

图 6-4 的向量表示,这个查询项的结果是$(0,0,0,1,0,0,0,0,0,0,1)$。向量空间模型的一个吸引人的方面是,可以采用简单的图形来对文档和查询项进行可视化。

图 6-5 是向量空间模型的表示结构。D_m 代表第 m 篇文档;t 代表 VSM 选择的特征(单词),图中选出的共有 n 个单词;W_{mn} 表示第 t_n 个单词在 D_m 篇文档中的权重。VSM 表示的核心思想是认为词频的分布模型能反映语义信息。这种表示默认了这样的依据:文本中的单词不是随机组合的,是作者遵循某一语言规范组织形成的。但是这种表示默认了词之间是相互独立的,其实词与词之间是有一定关系的,如"话筒"和"麦克风"这两个单词,其表示意思是一样的,但是从文本表示的结果来看,这两个维度是没有任何关系的。除此之外,VSM 这种表示也带来了词频和语义的不对应。例如,对于两篇长短不同的文本,它们有一定数量相似的特征,但是,在计算与第三篇文本的相似度时,模型会更偏爱长度相对短的那篇文本,因为相比之下它们之间对应的相同特征会更多一些。

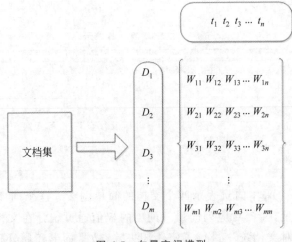

图 6-5　向量空间模型

基于这种表示,可以通过计算表示文档和查询的点之间的距离来进行排序。通常使用相似度度量的方法,得分最高的文档被认为和查询具有最高的相似度。为此,已经有很多相似度函数先后被提出和测试。常见的相似度计算有:内积相似度运算(包括余弦相似度运算)、距离相似度运算和基于特征项匹配个数的相似度运算。

1. 内积相似度

内积相似度(Inner Product Similarity)是指在向量空间中,两个向量之间的内积结果。设查询向量 q 与文档向量 d_j 的表示形式如下。

$$q = (w_{q1}, w_{q2}, \cdots w_{qi}, \cdots, w_{qn}), \quad d_j = (w_{j1}, w_{j2}, \cdots w_{ji}, \cdots, w_{jn}) \tag{6-3}$$

式(6-3)中 w_{qi} 和 w_{ji} 分别表示查询向量 q 和文档向量 d_j 在第 i 个维度上的权重。查询向量 q 与文档向量 d_j 的内积相似度计算公式为

$$\text{sim}(q, d_j) = q \cdot d_j = \sum_{i=1}^{n} (w_{qi} \times w_{ji}) \tag{6-4}$$

由于式(6-4)对长文档更有利,为此需要进行归一化处理,得到式(6-5)。当所有向量都被归一化后,所有文档和查询项都会被表示为长度相等的向量。式(6-5)也被称为余弦相关性,余弦相关性是指查询项和文档分别对应的向量形成夹角的余弦值。d_{ij} 表示第 j 个词项的权值,q_j 是查询项中第 j 个词项的权值。

$$\cos(D_i, Q) = \frac{\sum\limits_{j=1}^{t} d_{ij} \times q_j}{\sqrt{\sum\limits_{j=1}^{t} d_{ij}^2 \times \sum\limits_{j=1}^{t} q_j^2}} \tag{6-5}$$

举一个例子,考虑被三个词项索引的两个文档 $D_1 = (0.5, 0.8, 0.3)$ 和 $D_2 = (0.9, 0.4, 0.2)$,其中的数字表示词项权重。假设查询项为 $Q = (1.5, 1.0, 0)$ 已被同样的词项索引,那么这两个文档的余弦度量值为

$$\cos(D_1, Q) = \frac{0.5 \times 1.5 + 0.8 \times 1.0}{\sqrt{(0.5^2 + 0.8^2 + 0.3^2)(1.5^2 + 1.0^2)}} = 0.87$$

$$\cos(D_2, Q) = \frac{0.9 \times 1.5 + 0.4 \times 1.0}{\sqrt{(0.9^2 + 0.4^2 + 0.2^2)(1.5^2 + 1.0^2)}} = 0.97$$

第二篇文档得分较高,因为它的第一个词项权值高,而且这个词项在查询项里面也有较高权值。这个简单的例子说明基于向量空间模型的排序能够反映词项的重要性,以及匹配上的词项的个数,这一点在布尔检索中是不可能获得的。

但是,余弦公式中的规范化方法有一个明显的缺陷:会对长文档过分抑制,如果同时有相关短文档和长文档,它会使短文档的相关度数值大大高于长文档的相关度数值。余弦算法会将文档和查询看作 n 维特征空间中的一个数值点,每个特征形成 n 维空间中的一个维度,连接特征空间原点和这个数值点形成的一个向量。而余弦相似性就是计算特征空间中两个向量之间的夹角,夹角越小说明两个特征向量内容越相似;夹角越大,说明两个向量空间内容越不同。

2. 距离相似度

距离相似度是指用距离函数来度量两个对象之间的相似度,距离越小表示两个对象越相似。在信息检索领域,距离相似度是一种用于衡量查询与文档之间相似度的常见

方法。

常见的距离函数包括欧几里得距离、曼哈顿距离、切比雪夫距离和闵可夫斯基距离等。

1) 欧几里得距离

欧几里得距离(Euclidean Distance)是指在欧几里得空间中两点之间的距离,计算公式为

$$d(x,y) = \sqrt{(x_1-y_1)^2 + (x_2-y_2)^2 + \cdots + (x_n-y_n)^2} = \sqrt{\sum_{i=1}^{n} ((x_i-y_i)^2)}$$

(6-6)

式(6-6)中,x 和 y 是欧几里得空间中的两个点,n 是点的维度。

2) 曼哈顿距离

曼哈顿距离(Manhattan Distance)由 19 世纪的赫尔曼·闵可夫斯基提出,用以标明两个点在标准坐标系上的绝对轴距总和。定义曼哈顿距离的正式意义为 L_1-距离或城市区块距离,也就是在欧几里得空间的固定直角坐标系上两点所形成的线段对轴产生的投影的距离总和。例如在平面上,坐标 (x_1, y_1) 的点 P_1 与坐标 (x_2, y_2) 的点 P_2 的曼哈顿距离为

$$d(x,y) = |x_1-x_2| + |y_1-y_2|$$

(6-7)

图 6-6 中,l_1、l_2 和 l_4 分布表示所有曼哈顿距离都拥有相同长度(12),而 l_3 表示欧几里得距离有 $6 \times \sqrt{2} \approx 8.48$ 的长度。对于两个 n 维向量 $a=(x_{11}, x_{12}, \cdots, x_{1n})$,$b=(x_{21}, x_{22}, \cdots, x_{2n})$ 的曼哈顿距离公式为

$$d(a,b) = \sum_{k=1}^{n} |x_{1k} - x_{2k}|$$

(6-8)

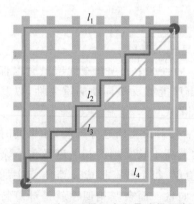

图 6-6 欧几里得距离和曼哈顿距离

式(6-8)中 n 表示点 a 和点 b 在 n 个方向上进行比较,x_{1k} 表示点 a 在第 k 个方向上的坐标值,x_{2k} 表示点 b 在第 k 个方向上的坐标值。

3) 切比雪夫距离

切比雪夫距离(Chebyshev Distance)是在欧几里得距离的基础上发展起来的一种更加通用的距离度量方法。切比雪夫距离是一种刻画向量间差异性的方法,它衡量的是两个向量中对应维度数值差的最大值。在 n 维空间中,向量 $a=(a_1, a_2, \cdots, a_n)$ 和向量 $b=(b_1, b_2, \cdots, b_n)$ 之间的切比雪夫距离为

$$d(a,b) = \max_{i=1}^{n}(|a_i - b_i|)$$

(6-9)

式(6-9)中 $|a_i-b_i|$ 表示向量 a 和向量 b 在第 i 维度上的数值差的绝对值。最大值表示两个向量在所有维度上数值差的最大值。因此,切比雪夫距离是向量之间在各个维度数值差的最大值。

举个例子,如果有两个二维向量 $a=(1,2)$ 和 $b=(5,7)$,它们之间的切比雪夫距离为

$$d(a,b) = \max(|1-5|, |2-7|) = 5$$

切比雪夫距离的优点是它可以应用于不同尺度之间的距离计算,同时也可以忽略异常值的影响。但是,切比雪夫距离计算过程比较复杂,而且在高维度数据上容易出现维度灾难的问题。

4) 闵可夫斯基距离

闵可夫斯基距离(Minkowski Distance)不是一种距离,而是一组距离的定义,是对多个距离度量公式的概括性表述。两个 n 维变量 $a=(x_{11},x_{12},\cdots,x_{1n})$,$b=(x_{21},x_{22},\cdots,x_{2n})$ 间的闵可夫斯基距离定义为

$$d(a,b)=\sqrt{\sum_{k=1}^{n}|x_{1k}-x_{2k}|^{p}} \tag{6-10}$$

式(6-10)中的 p 是一个变参数:当 $p=1$ 时,就是曼哈顿距离;当 $p=2$ 时,就是欧几里得距离;当 $p\to\infty$ 时,就是切比雪夫距离。

3. 基于特征项匹配个数的相似度

基于特征项匹配个数的相似度运算常用于文本相似度计算中,它是基于文档中的特征项进行计算的。在文本处理中,特征项可以是单词、短语、词组等,可以通过文本预处理方法进行提取。杰卡德相似系数(Jaccard Similarity Coefficient)可以被视为一种基于特征项匹配个数的相似度运算。它通常用于计算集合之间的相似度,给定两个集合 A、B,杰卡德系数定义为 A 与 B 交集的大小与 A 与 B 并集的大小的比值,则杰卡德系数可以用式(6-11)表示:

$$J(A,B)=\frac{|A\cap B|}{|A\cup B|}=\frac{|A\cap B|}{|A|+|B|-|A\cap B|} \tag{6-11}$$

式(6-11)中 $|A\cap B|$ 表示集合 A 和集合 B 交集的元素个数,$|A\cup B|$ 表示集合 A 和集合 B 并集的元素个数。杰卡德距离(Jaccard Distance)则用于计算集合之间的不相似度,其定义为 1 减去杰卡德系数,即式(6-12):

$$d_{J}(A,B)=1-J(A,B)=\frac{|A\cup B|-|A\cap B|}{|A\cup B|} \tag{6-12}$$

相似度计算只考虑了文档与查询之间的词项匹配情况,而忽略了词项在整个语料库中的重要性差异。这导致了一些问题,例如,某些词项几乎在所有文档中都出现,因此对于这些词项,它们并不能提供有意义的区分度。相反,一些出现较少但在某些文档中出现的词项可能对于文档的区分度更大。因此,需要衡量一个词项在整个语料库中的重要性,以便更好地表示文档和查询之间的关系。一种常见的方法就是基于 TF-IDF 权重,即词频-逆文档频率权重。

6.1.3　BOW 模型

BOW(Bag Of Words)模型是信息检索中常用的一种文本表示方法,它将文本表示为一个无序的单词集合,其中,每个单词的出现都视为一件事实,而忽略其出现的顺序。具体来说,BOW 模型将文本转换为一个由单词及其出现频率组成的向量,称为文档向量。

在 BOW 模型中,为了将文本表示为向量,需要先对文本进行预处理,包括词汇划分、

停用词过滤、词干提取等。然后,对于每个文档,将其表示为一个向量,其中向量的每个维度对应一个单词,并记录该单词在文档中出现的频率。

下面直接来看一个例子,假设有一个包含 5 个文档的语料库,其中每个文档包含一些单词。文档内容分别如下。

文档 1:the cat in the hat

文档 2:the dog chased the cat

文档 3:the mouse ran away from the cat and the dog

文档 4:the hat is green and the mouse likes the hat

文档 5:the dog and the cat are good friends

文档集对应的单词集合为{the, cat, dog, hat, mouse, green, likes, and, are, good, friends},以单词集合中的每个单词作为特征,并将每个文档表示为一个向量,向量的每个维度表示该单词在文档中出现的次数。例如,文档 1 可以表示为向量[2,1,0,1,0,0,0,0,0,0,0],其中,向量的第 1 个元素表示单词"the"在文档 1 中出现了 2 次,第 2 个元素表示单词"cat"在文档 1 中出现了 1 次,以此类推,将所有文档表示为向量。

BOW 模型的优点是简单易实现,适用于大规模文本集合,且在分类和聚类等任务中取得了不错的效果。然而,BOW 模型也有很多缺点,首先,它没有考虑单词之间的顺序;其次,它无法反映出一个句子中词语的权重,而 TF-IDF 则可以解决这个问题。

TF-IDF 即词频-逆文档频率(Term Frequence-Inverse Document Frequence)的简称,是 TF 与 IDF 两者的乘积。通常来说,在一个样本中单词出现的频率越高,其重要性应该也越高,即考虑到词频对文本向量的影响。但是如果只是考虑到这一个因素则同样会带来一个新的弊端,有的词不只是在某个样本中出现的频率高,它在整个数据集中的频率都很高,而这样的词往往也是没有意义的。因此,TF-IDF 的做法是通过词的逆文档频率来加以修正调整。

TF 代表了词频,即一个单词在文档中出现的次数。考虑到每个样本有长短之分,本书对"词频"进行一个标准化处理:

$$TF = \frac{某个词在文档中的出现次数}{该样本的总次数} \tag{6-13}$$

而 IDF 代表的是文档集合范围的一种全局因子。对于给定的一个文档集合,每个单词的 IDF 值是唯一确定的,与具体文档无关,如式(6-14)所示。

$$IDF = \log\left(\frac{总样本数}{包含该词的样本数 + 1}\right) \tag{6-14}$$

从式(6-14)中不难看出,IDF 考虑的不是文档本身的特征,而是特征单词之间的相对重要性。可以发现,如果一个词越常见,那么分母就越大,逆文档频率就越小越接近 0。为了避免分母为 0(即所有文档都不包含该词),分母做了加 1 的平滑处理。log 表示对得到的值取对数(此处为自然对数)。除此之外,IDF 还代表了单词带有的信息量的多少,其值越高,说明其信息含量越多,就越有价值。

假设一个文档有 1 万个字,其中含有 information 的有 300 词,那么 TF=300/10 000=0.03,假设现在有 1000 个文档,其中有 9 个文档含有 information 这个词,那么 IDF=

$\log(1000/10)=2$，因此得分为 TF-IDF$=0.03\times2=0.06$。

BOW 和向量空间模型都使用词频向量表示文本，通过计算向量之间的相似度来进行文本检索。然而，这些模型都存在一个问题，即无法捕捉到语义上相关但字面上不相关的词汇之间的关系。例如，"猫"和"狗"在语义上有些相关（都属于动物），但它们的向量表示在空间中是相互独立的，这就需要引入一些技术来解决这个问题。

6.1.4　Latent Dirichlet Allocation

在信息检索中，一个重要的话题就是词汇不匹配，是指那种相关文档不能匹配查询的情况。因为它们使用了不同的词语来描述同一主题。TREC 上的实验已经证明，使用查询扩展技术时主题查询会产生更好的结果。查询扩展（例如，使用伪相关反馈）是用于降低词汇不匹配的标准技术，尽管词形还原在一定程度上也能克服这个问题。另外一种方法是可以通过增加相关词项扩展文档。对于采用语言模型表示的文档，这等价于在语言模型上平滑概率，从而使文本中没有出现的词语具有非零概率。注意，这不同于使用对所有文档都一样的数据集概率来进行平滑。相反，需要通过一些方法来增加文档中和主题相关的词语的概率。

隐含狄利克雷分布（Latent Dirichlet Allocation，LDA）模型来源于机器学习领域，它是一种非监督学习模型，目的是识别大规模文档集或语料库中潜藏的主题信息。这种方法的目标也是将每一篇文档表示为一个词频向量，从而将文本信息转换为易于建模的数字信息。基于 LDA 表示，每一篇文档代表了一些主题所构成的一个概率分布，而每一个主题又代表了很多单词所构成的一个概率分布。传统判断两个文档相似性或相关性的方法是通过查看两个文档共同出现的单词的多少，但是没有考虑到文字背后的语义关联，可能两个文档共同出现的单词很少甚至没有，但两个文档是有关联的。例如，"乔布斯离我们而去了"和"苹果手机价格会不会下降"这两个句子没有出现共同的单词，但这两个句子之间是有某种联系的。因此在判断文档相关性的时候需要考虑到文档的语义，而主题模型是语义挖掘的利器，LDA 就是其中一种有效的主题模型。在主题模型中，主题表示一个概念、一个方面，表现为一系列相关的单词，用这些单词的条件概率来衡量与这个主题的相关性。

$$P(词语 \mid 文档)=\sum_{主题}P(词语 \mid 主题)\times P(主题 \mid 文档) \tag{6-15}$$

式(6-15)是 LDA 算法的一个映射关系。其中，"P（词语$\mid$文档）"矩阵表示每篇文档中每个单词的词频，即出现的概率；"P（词语$\mid$主题）"矩阵表示每种主题中每个单词的出现概率；"P（主题$\mid$文档）"矩阵表示每篇文档中每种主题出现的概率。相似度计算的目的就是预测每篇文档的主题与查询是否一致，也就是计算 P（主题$\mid$文档）。给定一个文档集，基于统计的方式计算各个文档中每个单词的词频就可以得到式(6-15)左边的"P（词语$\mid$文档）"矩阵。

概括地说，生成一篇文档的 LDA 过程如下。

(1) 对每个文档 D，根据参数 α 在一个狄利特雷分布中选择一个多项式分布 θ_D。

(2) 对文档 D 中的每个词语位置：

① 从多项式分布 θ_D 中选择一个主题 z。

② 从 $P(w|z,\beta)$ 中选择一个词语 w，$P(w|z,\beta)$ 是给定主题 z 和参数 β 时的多项式条件概率。

有许多技术可以用于将文档数据集作为训练数据来学习主题模型和 θ 分布，但是所有这些方法一般都非常慢。一旦拥有这些分布，就能生成文档中词语的语言模型概率，如式(6-16)所示。

$$P_{\text{lda}} = P(w \mid D) = P(w \mid \theta_D, \beta) = \sum_z P(w \mid z, \beta) P(z \mid \theta_D) \qquad (6\text{-}16)$$

这些概率值随后可以用于平滑和查询似然概率混合表示的文档，如式(6-17)所示。

$$P(w \mid D) = \lambda \left(\frac{f_{w,D} + \mu \dfrac{C_w}{|C|}}{|D| + \mu} \right) + (1 - \lambda) P_{\text{lda}}(w \mid D) \qquad (6\text{-}17)$$

因此，实际上最终的语言模型概率是极大似然概率、数据集概率以及 LDA 概率的混合。

如果 LDA 概率被直接用于文档表示，排序的性能会显著削减，因为这些特征都太平滑了。在 TREC 实验中，K(主题的数目)的数值在 400 左右，这意味着数据集中的所有文档都会被表示为 400 个主题的混合。考虑到在数据集词表中可能有数百万的词语，仅匹配主题会导致精确率的丢失。但是，当用于平滑文档语言模型时，LDA 概率可以显著地提高查询似然排序的性能。

搜索应用中采用 LDA 的主要问题是估计模型中的概率比较费事。除非有快速方法，否则这种技术只能限制在小规模数据集上(数十万篇文档，不超过百万)。

6.1.5 隐性语义分析

隐性语义分析(Latent Semantic Analysis，LSA)是一种基于向量空间模型的信息检索技术，它试图通过对文档-词语矩阵进行奇异值分解(Singular Value Decomposition，SVD)来挖掘文本的潜在语义信息。在 LSA 中，每个文档和每个词语都被表示成一个向量，并且在向量空间中进行计算和比较。通过对文档-词语矩阵进行降维，LSA 能够有效地捕捉到文本的主题和语义信息，从而改善信息检索的效果。

SVD 分解，即奇异值分解，其实就是将一个矩阵用其他几个矩阵的乘积来表示。假设有 $m \times n$ 的矩阵 A，那么 SVD 就是要找到如式(6-18)所示的一个分解，将 A 分解为三个矩阵的乘积：

$$A_{m \times n} = U_{m \times k} \times \Sigma_{k \times k} \times V_{n \times k}^{\mathrm{T}} \qquad (6\text{-}18)$$

对于奇异值，它跟特征分解中的特征值类似，在奇异值矩阵中也是按照从大到小排列，而且奇异值的减少特别的快，在很多情况下，前 10% 甚至 1% 的奇异值的和就占了全部的奇异值之和的 99% 以上的比例。也就是说，可以用最大的 k 个奇异值和对应的奇异向量来近似描述矩阵，即矩阵 A 可以被式(6-18)中的三个小矩阵来近似描述。

LSA 是一种通过分析大量的文本集，自动生成关键字-概念(语义)之间映射规则的方法。它假设词语在文本中有潜在的语义结构。同义词之间具有基本相同的语义结构，多义词的使用必定具有多种不同的语义结构。词语之间的这种语义结构体现为它们在文本中的出现频率上也具有一定的联系,通过统计学方法,提取并量化这些潜在的语义结构,进而消除同义词、多义词的影响,提高文本表示的准确性。

LSA 和传统向量空间模型一样使用向量来表示词(Terms)和文档(Documents),并通过向量间的关系(如夹角)来判断词及文档间的关系。不同的是,LSA 将词和文档映射到潜在语义空间,从而去除了原始向量空间中的一些"噪声",提高了信息检索的精确度。如果两个单词之间有很强的相关性,那么当一个单词出现时,往往意味着另一个单词也应该出现(同义词);反之,如果查询语句或者文档中的某个单词和其他单词的相关性都不大,那么这个词很可能表示的是另外一个意思(如在讨论互联网的文章中,Apple 更可能指的是 Apple 公司,而不是水果)。

假设有 n 篇文档,这些文档中的单词总数为 m,用一个 $m \times n$ 的矩阵 X 来表示这些文档,这个矩阵的每个元素 X_{ij} 表示第 i 个单词在第 j 篇文档中出现的次数(也可用 TF-IDF 值)。LSA 计算流程如下。

(1) 分析文档集合,建立词汇-文本矩阵 A。

(2) 对词汇-文本矩阵进行奇异值分解。

(3) 对 SVD 分解后的矩阵进行降维。

(4) 使用降维后的矩阵构建潜在语义空间。

LSA 试图将原始矩阵降维到一个潜在的语义空间(维度不超过 n),然后每个单词或文档都可以用该空间下的一组权值向量来表示,这些权值反映了与对应的潜在语义的关联程度强弱。这个降维是通过对该矩阵进行奇异值分解做到的,计算其用三个矩阵的乘积表示的等价形式,如图 6-7 所示。

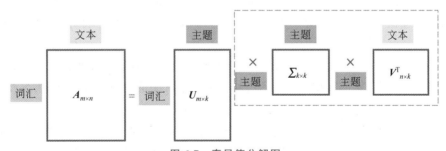

图 6-7　奇异值分解图

图 6-7 中词汇-文本矩阵 A 是一个稀疏矩阵,行代表词语,列代表文档。一般情况下,词汇-文档矩阵的元素是该词在文档中的出现次数,也可以是该词语的 TF-IDF 值。小矩阵 U 是对词进行分类的一个结果,它的每一行表示一个词,每一列表示一个语义相近的词类,这一行中每个非零元素表示每个词在每个语义类中的重要性(或者说相关性)。矩阵 Σ 表示词的类和文章的类之间的相关性。矩阵 V 是对文本进行分类的一个结果,它的每一行表示一个主题,每一列表示一个文本,这一列每个元素表示这篇文本在不同主题中的相关性。

在构建好词汇-文本矩阵之后,LSA 将对该矩阵进行降维,找到词汇-文档矩阵的一个低阶近似。降维的原因有以下几点。

(1) 原始的词汇-文档矩阵太大导致计算机无法处理,从此角度来看,降维后的新矩阵是原有矩阵的一个近似。

（2）原始的词汇-文档矩阵中有噪声，从此角度来看，降维后的新矩阵是原矩阵的一个去噪矩阵。

（3）原始的词汇-文档矩阵过于稀疏。原始的词汇-文档矩阵精确地反映了每个词是否"出现"于某篇文档的情况，然而人们往往对某篇文档"相关"的所有词更感兴趣，因此需要发掘一个词的各种同义词的情况。

LSA 可以捕捉到单词之间的潜在语义关系，因此可以将它们归为同一个向量，从而消除同义词和多义词的影响。由于 LSA 能够将文本表示为向量，因此可以在向量空间中进行快速计算和比较，从而能够处理大量文本数据。

◆ 6.2 概 率 模 型

概率检索模型、二元模型、语言模型

大多数检索模型的思想是从查询到文档，即给定用户查询，如何找出相关的文档。概率排序模型的基本思想是：给定一个用户查询，如果搜索结果是按照文档和用户需求的相关性由高到低排序，那么这个搜索引擎系统的准确性是最优的。本节将介绍概率检索模型以及二元模型。

6.2.1 概率检索模型

一个早期的关于有效性的理论说明，也就是人们所知道的概率排序原则。这个原则推动了概率检索模型的发展，这些模型之所以取得这样的地位，是因为概率论为表示和操纵信息检索过程中固有部分的不确定性提供了坚实的基础。概率排序原则的原始表述如下。

如果一个搜索引擎对每个查询的反馈都是数据集中所有文档根据和用户查询的相关性概率值降序排序的结果，并且其中的概率值都被尽可能精确地估计出来，那么该系统对于其用户的整体效果就是基于这些数据能够获得的最好结果。

基于一些假设，例如，一篇文档对于一个查询的相关性独立于其他文档，就能证明这段陈述是正确的。从这种意义上来说，根据相关性概率的排序会在任何给定排序上（例如，取排序最靠前的 10 个文档）使精确率（即相关文档的比例）最大化。遗憾的是，概率排序原则并没有告诉如何计算或者估计相关性的概率值。现在有很多种概率检索模型，每种模型都提出了不同的方法来估计这种概率值。

当用户发出一个查询请求，我们把文档集合划分为两个类别：相关文档子集（Relevant）和不相关文档子集（Not Relevant）。对于某个文档 D 来说，如果其属于相关文档子集的概率大于不相关文档子集的概率，就可以认为这个文档与用户查询是相关的。相关性计算的目的就是要判断 $P(R|D) > P(\text{NR}|D)$，即：属于相关文档的概率大于属于不相关文档的概率。$P(R|D)$ 和 $P(D|R)$ 之间的关系可以表示为贝叶斯法则：

$$P(R \mid D) = \frac{P(D \mid R)P(R)}{P(D)}$$

(6-19)

其中，$P(R)$是相关性的先验概率(换句话说，就是任何文档是相关的可能性)，$P(D)$起到了归一化常数的作用。基于此，能够将决策规则采用如下方式表达：如果 $P(D|R)$ $P(R) > P(D|NR)P(NR)$，则判定文档是相关的。这和判定一篇文档相关的如下条件是一致的。

$$\frac{P(D|R)}{P(D|NR)} > \frac{P(NR)}{P(R)} \tag{6-20}$$

式(6-20)中左边部分称为似然比率。在绝大多数分类应用中，例如垃圾过滤中，系统必须判定文档属于哪个类别，以便采取恰当的行动。对于信息检索，搜索引擎只需要排序文档，而不用做出分类判断(分类是困难的)。如果采用似然比率作为比值，排序较高的是那些对于属于相关集合具有较高似然值的文档。

6.2.2　二元独立模型

为了计算文档的得分，仍然需要判断如何利用 $P(D|R)$和 $P(D|NR)$的结果。最简单的方法就是采用前面例子的假设，即将文档表示为词项的组合，相关集合和非相关集合表示为词项概率。在这个模型中，文档表示为一组二元向量特征，$\boldsymbol{D}=(d_1,d_2,\cdots d_i,\cdots,d_t)$，其中，$d_i=1$ 表示词项 i 出现在文档中，反之为 0。其他主要的假设是词项独立性(也叫朴素贝叶斯假设)。这意味着能够通过单独词项的概率乘积 $\prod_{i=1}^{t} P(d_i|R)$ 来估计 $P(D|R)$(类似地可以计算 $P(D|NR)$)。由于假设词项独立以及文档中的二元特征，因此这个模型又称为二元独立模型。

二元假设是基于布尔模型中的文档表示方法，一篇文档在由特征进行表述的时候，以特征出现和不出现两种情况来表示，不考虑其他因素。

词汇独立性假设是指文档中出现的单词之间是没有任何关联的。通过该假设，则可认为出现搜索和是否会出现索引是没有关系的。因此，对一个文档的概率估计转换为对文档包含单词的概率的乘积。

例如，一篇文档可能表示为(1,0,0,1,1)，即：文档包含词项1、4、5。为了计算这个文档在相关集合中出现的概率，需要词项在相关集合中是 1 或者 0 的概率。p_i 表示第 i 个单词在相关文档集合内出现的概率，那么在该例子中，文档在相关集合中出现的概率 $P(D|R)=p_1\times(1-p_2)\times(1-p_3)\times p_4\times p_5$。概率$(1-p_2)$表示相关集合中词项 2 不出现的概率。对于非相关集合，s_i 表示第 i 个单词在不相关文档集合内出现的概率，则 $P(D|NR)=s_1\times(1-s_2)\times(1-s_3)\times s_4\times s_5$。

再回到似然比率公式，即式(6-21)，其中，R 为相关文档，NR 为不相关文档，$d_i=1$ 为此单词出现，$d_i=0$ 为此单词不出现。

$$\frac{P(D|R)}{P(D|NR)} = \prod_{i:\,d_i=1} \frac{p_i}{s_i} \times \prod_{i:\,d_i=0} \frac{1-p_i}{1-s_i} \tag{6-21}$$

现在能够做数学推导，即式(6-22)。而在式(6-22)中，第二个连乘覆盖所有词项，也能覆盖所有文档，所以对于排序能够忽略掉。由于连乘了很多较小的数值，会导致结果的精度问题，因此需要对乘积使用等价的取对数操作。即式(6-22)的得分函数变为式(6-23)。

$$\prod_{i;\,d_i=1}\frac{p_i}{s_i}\times\left(\prod_{i;\,d_i=1}\frac{1-s_i}{1-p_i}\times\prod_{i;\,d_i=1}\frac{1-p_i}{1-s_i}\right)\times\prod_{i;\,d_i=0}\frac{1-p_i}{1-s_i}$$

$$=\prod_{i;\,d\geqslant0}\frac{p_i(1-s_i)}{s_i(1-p)}\cdot\prod_i\frac{1-p_i}{1-s_i} \tag{6-22}$$

$$\sum_{i;\,d_i=1}\log\frac{p_i(1-s_i)}{s_i(1-p_i)} \tag{6-23}$$

如果没有相关集合的其他信息,可以额外假设 p_i 是一个常数, s_i 可以被近似估计为整个文档数据集中的词项出现情况。做出第二个假设是基于这样的事实,即相关文档的数量远小于整体文档集合的大小。在式(6-23)中,设定 p_i 的值为0.5,给定词项 i 的权值为

$$\log\frac{0.5\left(1-\dfrac{n_i}{N}\right)}{s_i(1-0.5)}=\log\frac{N-n_i}{n_i} \tag{6-24}$$

式(6-24)中, n_i 是包含词项 i 的文档数目, N 是整个数据集中文档的数目。在存在相关文档信息的基础上,这说明从二元独立模型衍生出现的词项权值和 IDF 权值非常相似。这里没有 TF 权值,因为文档已经被假设成具有二元特征了。

如果知道相关集合和非相关集合中词项的出现情况,可以通过用户在初始排序中识别相关文档得到的相关反馈见表 6-2。其中, r_i 是包含词项 i 的相关文档数量, n_i 是包含词项 i 的文档数量, N 是整个文档数据集中所有文档的数量, R 是和这个查询相关的文档数量。

表 6-2 一个特定查询的词项出现情况表

	相　关	非　相　关	总　　数
$d_i=1$	r_i	n_i-r_i	n_i
$d_i=0$	$R-r_i$	$N-n_i-R+r_i$	$N-n_i$
Total	R	$N-R$	N

由于相关性估值公式采取了 log 形式,如果 $r_i=0$,那么会出现 $\log(0)$ 的情形,为了避免这种情况,在进行平滑计算时,在每个数值上加0.5(整体数值上加1),这样得到式(6-25)和式(6-26)。

$$p_i=\frac{(r_i+0.5)}{(R+1.0)} \tag{6-25}$$

$$s_i=\frac{(n_i-r_i+0.5)}{(N-R+1.0)} \tag{6-26}$$

将式(6-25)和式(6-26)放入整体的得分函数,则可得到式(6-27)。由此可知,对于同时出现在用户查询 Q 和文档 D 中的单词,累加每个单词的估值,其和就是文档 D 和查询的相关性度量。

$$\sum_{i;\,d_i=1}\log\frac{(r_i+0.5)\times((N-R)-(n_i-r_i)+0.5)}{(R-r_i+0.5)\times(n_i-r_i+0.5)} \tag{6-27}$$

通过学者证明,二元独立模型在排序上效果不是很好。虽然它提供了融合相关信息

的方法,但是在大多数情况下,并没有这些信息,只能使用类似于 IDF 权值的词项权值。TF 部分的存在,对排序的性能有显著的作用。在排序时如果没有这种信息,绝大多数的有效度量方法都会下降 50%。也就是说,如果使用二元独立模型排序代替 TF-IDF 排序,将会在排序结果的最佳部分少看到 50% 的相关文档。

6.2.3 BM25 模型

BM25 模型通过加入文档权值和查询项权值,拓展了二元独立模型的得分函数。式(6-28)是 BM25 模型的计算公式,对于查询 Q 中出现的每个查询词,依次计算单词在文档 D 中的分值,累加后就是文档 D 和查询 Q 的相关性得分。在式(6-28)中,r_i 是包含词项 i 的相关文档数量,n_i 是包含词项 i 的文档数量,N 是整个文档数据集中所有文档的数量,R 是和这个查询相关的文档数量,如果没有相关信息,那么 r 和 R 都被置为 0。f_i 是词项 i 在文档中的频率,qf_i 是词项 i 在查询项中的频率,而 k_1、k_2、K 都是根据经验设定的参数。

$$\sum_{i, d_i=1} \log \frac{(r_i+0.5) \times ((N-R)-(n_i-r_i)+0.5)}{(R-r_i+0.5) \times (n_i-r_i+0.5)} \times \frac{(k_1+1)f_i}{K+f_i} \times \frac{(k_2+1)qf_i}{k_2+qf_i}$$

$$(6\text{-}28)$$

k_1 决定 f_i 增加时 TF 部分的词项权值变化。如果 $k_1=0$,词项频率将被忽略,只有词项的存在与否会有所影响。如果 k_1 很大,词项权重部分会随着 f_i 线性增长,k_1 的典型值是 1.2。这使得 f_i 的非线性影响很大,即一个词项在出现三四次后,后继的出现只有很小的影响。k_2 在查询项权重起作用,这个参数典型的数值范围是 0~1000。因为查询词项的频率非常低,并且比文档词项频率变化小,所以系统性能对 k_2 的敏感性不如 k_1。

K 是一个更加复杂的参数,用来利用文档长度归一化 TF 因子。其计算公式为式(6-29)。在式(6-29)中,b 是一个参数,dl 是文档长度,avdl 是数据集中文档的平均长度。常量 b 控制长度归一化的影响,其中,$b=0$ 对应于没有长度归一化,$b=1$ 表示完全的归一化,经验则表明 $b=0.75$ 时会获得比较好的搜索效果。

$$K = k_1 \left((1-b) + b \times \frac{dl}{avdl} \right) \tag{6-29}$$

通过结合具体的例子进一步理解,例如,考虑一个包含两个词项("北京"和"高校")的查询,每个词项在查询中仅出现一次($qf=1$)。考虑典型的情形,即没有相关信息(r 和 R 都是 0)。假设正在搜索一个含有 500 000(N)个文档的数据集,在这个集合中,"北京"在 40 000($R=40\,000$)个文档中出现,"高校"在 300($n_2=300$)个文档中出现。在评分的这个文档中,"北京"出现 15 次(即 $f_1=15$),"高校"出现 25 次(即 $f_2=25$)。文档长度只有平均长度的 90%(即 dl/avdl=0.9)。相关参数使用 $k_1=1.2$、$b=0.15$、$k_2=100$。则基于这些数据,$K=1.2 \times (0.25+0.75 \times 0.9)=1.11$,代入式(6-28)中得到最终的文档得分如下。

$$\text{BM25(D, Q)} = \log \frac{\dfrac{0+0.5}{0-0+0.5}}{\dfrac{40\,000-0+0.5}{500\,000-40\,000-0+0+0.5}} \times \frac{(1.2+1) \times 15}{1.11+15} \times \frac{(100+1) \times 1}{100+1}$$

$$= 20.66$$

概率检索模型是目前效果最好的模型之一,在 TREC 等各种检索系统评测会议已经证明了这一点,而且 BM25 这一经典概率模型计算公式已经在商业搜索引擎的网页排序中广泛使用。

◆ 6.3 语 言 模 型

与概率检索模型不同,语言模型方法的思路正好相反。统计语言模型(Statistical Language Modeling,SLM),基于概率统计理论研究,为每个文档建立不同的语言模型,判断由文档生成用户查询的可能性有多大,然后按照这种生成概率由高到低排序,作为搜索结果,被广泛应用于语音识别和统计机器翻译领域。

在语言模型中,最常见是一元模型(Unigram)、二元模型(Bigram)、三元模型(Trigram)。它们的含义是指,一个 n 元模型预测词语时依赖前面 $n-1$ 个词语。其中,n 越大,模型越复杂,估计的参数(即估计的概率)也越多。当然,当数据量足够大的情况下,模型阶数越高对片段概率的计算也越准确。

例如,给定句子"John read a book,"首先给句子增加首尾标记为:<BOS>John read a book<EOS>。则有:

(1) 一元模型:<BOS>,John,read,a,book,<EOS>

(2) 二元模型:(<BOS>John),(John read),(read a),(a book),(book <EOS>)

(3) 三元模型:(<BOS>John read),(John read a),(read a book),(a book <EOS>)

以二元模型为例,它具体的计算概率为

$$p(\text{John read a book}) = p(\text{John}|<\text{BOS}>) \times p(\text{read}|\text{John}) \times p(\text{a}|\text{read}) \times$$
$$p(\text{book}|\text{a}) \times p(<\text{EOS}>|\text{book})$$

与此同时,需要注意语言模型会存在一个数据稀疏问题,即某个关键词没有出现过,则文档生成该用户查询的可能性为 0。所以,一般会采用数据平滑的方式解决该问题,这个方式会从文档中出现过的单词的分布概率值中取出一部分,将这些值分配给文档中没有出现过的单词,这样所有单词都会有一个非零的概率值,加入数据平滑后的文档生成查询概率计算式(6-30),其可分为两个部分,一部分是之前提到的文档语言模型,另一部分是用作平滑的文档集合语言模型。

$$P(Q \mid D) = \Pi_{i=1}^{n} \left((1-\lambda) \frac{f_{qi,D}}{|D|} + \lambda \frac{c_{qi}}{|C|} \right) \tag{6-30}$$

通过观察公式可以看到,统计语言模型存在一些明显的缺点,如对于 n-gram:基于统计的语言模型,是一种离散型的语言模型,参数量大,随着 n 的增大,参数空间呈指数增长容易出现维度灾难的问题,所以泛化能力差;巨大的参数量也使得模型无法与 $n-1$ 个词之外的词建立联系。即不能进行上下文的回溯,不能解决上下文物主代词指代问题。数据稀疏除了带来数据空间增大的问题之外,还有一个问题:无法表征词语之间的相似关系。所以就有人提出了用神经网络来建立语言模型(Neural Network Language Models,NNLM)来解决这些问题。本节主要介绍 Word2Vec 的网络结构,它是轻量级的神经网络,模型由输入层、隐藏层和输出层构成,主要包括 CBOW 和 Skip-gram 模型。

6.3.1　One-Hot 和 Word2Vec

首先引入一个概念 Word Embedding，它将"不可计算""非结构化"的词转换为"可计算""结构化"的向量，是 NLP 模型中对单词处理的一种方式。这种技术会把单词或者短语映射到一个 n 维的数值化向量，核心是一种映射关系。主要分为两种方式：独热编码（One-Hot Representation）和 Word2Vec。

One-Hot 是指将单词与实数向量关联起来的表示。具体来说，就是假设字典维度是 V，对于 V 中的单词，有且仅有一个编号，当第 n 个词出现，则这个单词对应的向量表示为 $\omega_n=[0,0,0,0,\cdots,1,\cdots,0]\in\{0,1\}^{|V|}$，其中，仅在第 n 个位置上的数值为 1，代表字典中的第 n 个词。

One-Hot 对语料库中的每个单词都用一个 n 维的 One-Hot 向量表示，One-Hot 累加对应的向量表示就是词袋表示（BOW）。对于单词 A，它在语料库中的位置为 k，则它的向量表示为第 k 位为 1，其余位置为 0 的 $1\times n$ 维的向量。例如这样一个词典：["中国"，"美国"，"日本"]，词典个数 n 为 3，基于这个单词词典，每个单词的 1×3 的向量表示分别为

$$["中国"]=[1,0,0],["美国"]=[0,1,0],["日本"]=[0,0,1]$$

这种表示方法非常简单，但在计算时面临着两个问题：一个是这种表示的向量维度是字典的大小，而词典中的单词数目往往很大，从而在计算时避免不了维数灾难的问题；另一个是这种表示只包含单词在词典中的索引和词频信息，不能为后续的文本处理任务带来更多的有用信息。

词向量是一种分布式表示单词的形式，基本思想是：通过大量文本语料库训练，将每个词映射为一个 K 维的实值向量，通常 K 的取值范围从几十到几百（远远小于该语言词典的大小）。所有这些向量构成词向量空间，而每一个向量可以认为是整个空间中的一个点，通过计算这些向量的距离进行相似度判断。例如，相似的两个单词"麦克风"和"话筒"，它们在向量空间中的距离就很近。

Word2Vec 是对 One-Hot 向量的一种降维处理，通过一种映射关系将一个 n 维的 One-Hot 向量转换为一个 m 维的空间实数向量，是一种用来训练产生词向量的相关模型。它是由 Google 在 2013 年提出的一种基于神经网络的词嵌入（Word Embedding）技术，可以将单词转换成低维度的实数向量，并使得语义相似的词在向量空间中距离较近。它是基于词袋模型假设的，因此词的顺序不重要，可用来表示词与词之间的关系主要包括：CBOW 和 Skip-gram 模型。

6.3.2　CBOW 模型

CBOW 是在已知词 w_t 的上下文 $w_{t-2},w_{t-1},w_{t+1},w_{t+2}$ 的情况下预测当前词 w_t，而 Skip-gram 是在已知词 w_t 的情况下，对词 w_t 的上下文 $w_{t-2},w_{t-1},w_{t+1},w_{t+2}$ 进行预测。

CBOW（Continuous Bag-of-Words）去掉了最耗时的非线性隐藏层，目标词前后各取

k 个词。网络模型结构如图 6-8 所示。输入层是由 One-Hot 编码的上下文 $[x_1, x_2, \cdots,$ $x_c]$ 组成，其中，窗口大小为 C，词汇表大小为 V。隐藏层是 N 维的向量。输出层是也被 One-Hot 编码的输出单词 y。即被 One-Hot 编码的输入向量通过一个 $V \times N$ 维的权重 矩阵 W 连接到隐藏层；隐藏层通过一个 $N \times V$ 的权重矩阵 W' 连接到输出层。

CBOW 模型的训练过程如下。

（1）当前词的上下文词语的 One-Hot 编码输入输入层。

（2）这些词分别乘以同一个矩阵 W_1 后分别得到各自的 $1 \times N$ 向量。

（3）将这些 $1 \times N$ 向量取平均为一个新的 $1 \times N$ 向量。

（4）将这个新的 $1 \times N$ 向量乘矩阵 W_2，变成一个 $1 \times V$ 向量。

（5）将 $1 \times V$ 向量 softmax 归一化后输出取每个词的概率向量 $1 \times V$。

（6）将概率值最大的数对应的词作为预测词。

（7）将预测的结果 $1 \times V$ 向量和真实标签 $1 \times V$ 向量（真实标签中的 V 个值中有一个 是 1，其他为 0）计算误差，一般是交叉熵。

（8）在每次前向传播之后反向传播误差，不断调整 W_1 和 W_2 矩阵的值。

在训练过程中，经过权重前向传播即可得到中心词结果。在 CBOW 模型中，最终要 的是 W_1 这个 $V \times N$ 矩阵，一般 N 远小于 V，这也就将长度为 V 的 One-Hot 稀疏词向量 表示转为稠密的长度为 N 的词向量表示。

6.3.3　Skip-gram 模型

Skip-gram 与 CBOW 正好相反，CBOW 是通过上下文（Context）来预测当前位置词，而 Skip-gram 则是通过当前词来预测上下文。图 6-9 中，输入向量 x 代表某个单词的

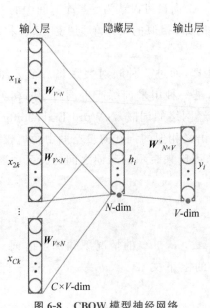

图 6-8　CBOW 模型神经网络

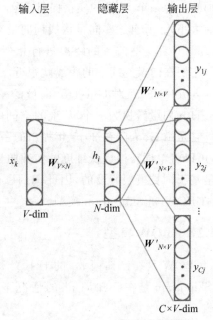

图 6-9　Skip-gram 模型神经网络

One-Hot 编码,对应的输出向量为 $\{y_1,\cdots,y_C\}$。输入层与隐藏层之间的权重矩阵 W 的第 i 行代表词汇表中第 i 个单词的权重。权重矩阵 W 包含词汇表中所有单词的权重信息。每个输出单词向量也有个 $N\times V$ 维的输出向量 W'。最后,模型还有 N 个结点的隐藏层,隐藏层结点 h_i 的输入就是输入层输入的加权求和。由于输入向量 x 是 One-Hot 编码,那么只有向量中的非零元素才能对隐藏层产生输入。对于输入向量 x,其中,$x_k=1$ 并且 $x_{k'}=0,k\neq k'$。所以隐藏层的输出只与权重矩阵第 k 行相关。

Skip-gram 模型的训练过程主要分为两个阶段:构建模型和优化模型参数。

1. 构建模型

1)定义输入和输出

与 CBOW 模型不同,Skip-gram 模型的输入是目标单词,输出是它的上下文单词。输入层为一个 One-Hot 编码的向量,大小为 V,表示词汇表中的每个单词。输出层也是一个大小为 V 的 One-Hot 编码向量,表示所有单词。

2)定义权重矩阵

Skip-gram 模型中需要定义两个权重矩阵:输入层与隐藏层之间的权重矩阵 W 和隐藏层与输出层之间的权重矩阵 W'。W 的大小为 $V\times N$,W' 的大小为 $N\times V$,N 为指定的隐藏层大小。

3)定义神经网络

Skip-gram 模型的神经网络结构包括输入层、隐藏层和输出层。输入层的 One-Hot 编码向量通过权重矩阵 W 与隐藏层的 N 维向量相乘,得到隐藏层的输出。隐藏层的输出向量再通过权重矩阵 W' 与输出层的 One-Hot 编码向量相乘,得到输出层的输出。

2. 优化模型参数

Skip-gram 模型的训练目标是最大化目标单词的上下文单词概率的对数。训练过程采用随机梯度下降算法,每次迭代更新一批样本的权重矩阵。

1)计算梯度

在 Skip-gram 模型中,每个单词都有一个对应的隐藏层向量和输出层向量。给定目标单词,可以计算其对应的隐藏层向量和输出层向量,然后计算目标单词的上下文单词在输出层的 softmax 概率分布。通过对 softmax() 函数的求导计算出对应的梯度。

2)更新权重矩阵

通过计算目标单词的上下文单词概率的对数和梯度,可以更新输入层与隐藏层之间的权重矩阵 W 和隐藏层与输出层之间的权重矩阵 W'。每个权重矩阵的更新都需要根据学习率进行调整,以保证模型的收敛。

CBOW 模型和 Skip-gram 模型有不同的优缺点。CBOW 模型只需要预测一个目标单词,学习一个词向量矩阵和一个输出权重矩阵,因此参数较少,训练速度比 Skip-gram 模型快。由于 CBOW 模型使用了上下文词向量的平均值来表示目标单词,因此对高频词的预测效果较好,但是这样可能会损失一些上下文信息,因此难以表示一些复杂的语义关系,如类比关系等。

而 Skip-gram 模型可以预测多个上下文单词,因此不会损失上下文信息,可以表示一些复杂的语义关系。但是 Skip-gram 模型需要预测多个上下文单词,因此训练速度较慢,对高频词的预测效果较差,另外需要学习多个词向量矩阵和输出权重矩阵,因此参数较多。

排序模型
——相关性
排序

◆ 6.4　排 序 模 型

排序模型(Learning to Rank)是指利用机器学习方法从大规模的样本中学习出一个模型,将输入的查询和文档转换为特征向量,并根据特征向量计算文档和查询之间的相关性得分,从而对文档进行排序。

6.4.1　K-L 散度

Kullback-Leibler 散度(KL 散度),又称相对熵,是一种比较两个概率分布的方法。通常在概率和统计中,会用更简单的近似分布来代替观察到的数据或复杂的分布。它可以衡量在选择近似值时损失了多少信息。KL 散度起源于信息论,其主要目标是量化数据中有多少信息。需要注意它是非对称的,这意味着 $D(P|Q) \neq D(Q|P)$。在信息论中,$D(P|Q)$ 表示当用概率分布 Q 来拟合真实分布 P 时产生的信息损耗,其中,P 表示真实分布,Q 表示 P 的拟合分布,定义为式(6-31)。

$$\mathrm{KL}(P|Q) = \sum_x P(x) \log \frac{P(x)}{Q(x)} \tag{6-31}$$

例如,设 P 和 Q 为如图 6-10 所示的分布,其中,P 是一个二项分布 $B(2,0.4)$,Q 是一个离散的均匀分布,且有 $\{X\} = \{0,1,2\}$,则 KL 散度计算为

$$\mathrm{KL}(P|Q) = \sum_x P(x) \log \frac{P(x)}{Q(x)}$$
$$= \frac{9}{25}\ln\left(\frac{9/25}{1/3}\right) + \frac{12}{25}\ln\left(\frac{12/25}{1/3}\right) + \frac{4}{25}\ln\left(\frac{4/25}{1/3}\right) \approx 0.085\ 299\ 6$$

图 6-10　P 分布和 Q 分布

由于 KL 散度总是正数而且对于比较稀疏的分布数值会很大,为了对较小词差异可以得到较大的分数,可以考虑使用取负的 KL 散度来作为排序函数的基础。负数的 KL 散度如式(6-32)所示,其中,真实分布是查询(R)的相关性模型,近似分布为文档语言模型(D)。

$$\sum_{w \in V} P(w \mid R) \log P(w \mid D) - \sum_{w \in V} P(w \mid R) \log P(w \mid R) \qquad (6\text{-}32)$$

由于求和公式是对整个词表 V 中的所有词语 w 进行的。公式右边第二项并不依赖于文档,所以可以在排序中忽略。对于给定一个简单的极大似然估计 $P(w \mid D)$,基于查询文本的频率($f_{w \cdot q}$)以及查询中词语的数目($|Q|$),文档的得分计算如式(6-33)所示。

$$\sum_{w \in V} \frac{f_{w \cdot q}}{|Q|} \log P(w \mid D) \qquad (6\text{-}33)$$

对于具有频率 k 的查询词对分值的贡献为 $k \times \log P(w \mid D)$。接下来将进行排序操作:基于相关性模型的排序的步骤可以分为两部分,先使用查询似然得到相关性模型估计中需要的权值,再使用 KL 散度进行比较排序,具体步骤如下。

(1)根据查询 Q 的查询似然得分对文档排序。

(2)选择排序靠前的某个数目的文档构成集合 c。

(3)利用估计概率 $P(w, q_1, \cdots, q_n)$ 来计算相关性模型概率 $P(w \mid R)$。

(4)利用 KL 散度来对文档进行再次排序。

对于查询似然得分,在可以估计 w 的概率为给定已经观察到的查询词($q_i, \cdots, q_n$)下,观察到 w 的条件概率,如式(6-34)所示。

$$P(w \mid R) = P(w \mid q_i \cdots q_n) \qquad (6\text{-}34)$$

将式(6-34)变为式(6-35),其中,$P(q_1, \cdots, q_n)$ 是一个归一化常量,计算如式(6-36)所示,而估计联合概率 $P(w, q_i, \cdots, q_n)$ 的计算方法为式(6-37)所示。

$$P(w \mid R) = \frac{P(w, q_i, \cdots, q_n)}{P(q_1, \cdots, q_n)} \qquad (6\text{-}35)$$

$$P(q_1, \cdots, q_n) = \sum_{w \in V} P(w, q_i, \cdots, q_n) \qquad (6\text{-}36)$$

$$P(w, q_1, \cdots, q_n) = \sum_{D \in C} P(D) P(w, q_1, \cdots, q_n \mid D) \qquad (6\text{-}37)$$

对于式(6-37),可以通过式(6-38)推导出式(6-39),其中,先验概率 $P(D)$ 经常被假设为统一数值,可以忽略,$\prod_{i=1}^{n} P(q_i \mid D)$ 是我们希望求得的对文档 D 的查询似然得分。

$$P(w, q_1, \cdots, q_n \mid D) = P(w \mid D) \prod_{i=1}^{n} P(q_i \mid D) \qquad (6\text{-}38)$$

$$P(w, q_1, \cdots, q_n) = \sum_{D \in C} P(D) P(w \mid D) \prod_{i=1}^{n} P(q_i \mid D) \qquad (6\text{-}39)$$

总之,KL 散度是一种常用的信息度量指标,用于衡量两个概率分布之间的相似性,也被广泛应用于信息检索、文本分类、机器翻译等领域。在排序模型中,KL 散度被用来度量预测排序与真实排序之间的差异,以此来训练模型的参数,从而得到更准确的文档排序结果。当然,KL 散度也有其局限性,例如,当两个分布中某些概率值为零时,KL 散度会出现问题,此时需要进行平滑处理。因此,在实际应用中,需要根据具体情况来选择合适的度量指标,以提高模型的性能和效果。

6.4.2 Learning to Rank 算法

Learning to Rank(L2R)是用机器学习的思想来解决排序问题。与文本分类不同，L2R 考虑的是给定查询的文档集合的排序。所以，L2R 用到的特征不仅包含文档 d 本身的一些特征等，也包括文档 d 和给定查询 q 之间的相关度，以及文档在整个网络上的重要性(如 PageRank 值等)，即：可以使用相关性排序模型和重要性排序模型的输出来作为 L2R 的特征。

对于 L2R 的训练数据的获取，一般有三种形式，且这三种形式的训练数据之间可以相互转换。

(1) 对于每个查询，各个文档的绝对相关值(非常相关、比较相关、不相关，等等)。

(2) 对于每个查询，两两文档之间的相对相关值(文档 1 比文档 2 相关，文档 4 比文档 3 相关，等等)。

(3) 对于每个查询，所有文档按相关度排序的列表(文档 1>文档 2>文档 3)。

L2R 是一个有监督学习过程，其训练的具体方法为：对于每个给定的查询-文档对，抽取相应的特征(既包括查询和文档之间的各种相关度，也包括文档本身的特征以及重要性等)。另外，通过人工标注或者从日志中挖掘的方法来得到给定查询下文档集合的真实序列。然后使用 L2R 的各种算法学到一个排序模型，使其输出的文档序列和真实序列尽可能相似。

L2R 算法主要可以分为单点法(Pointwise Approach)、配对法(Pairwise Approach)和列表法(Listwise Approach)三大类，三种方法并不是特定的算法，而是排序学习模型的设计思路，主要区别体现在损失函数(Loss Function)以及相应的标签标注方式和优化方法的不同。本节对这些方法逐一进行介绍。

1. Pointwise 方法(单点法)

Pointwise 方法只考虑给定查询下，单个文档的绝对相关度，而不考虑其他文档和给定查询的相关度，即：给定查询 q 的一个真实文档序列，只需要考虑单个文档 d_i 和该查询的相关程度 c_i。

单点法排序学习模型的每一个训练样本都仅仅是某一个查询关键字和某一个文档的配对。它们之间是否相关，与其他文档和其他查询关键字都没有关系。因此，输入数据形式如图 6-11 所示。即单点法将文档转换为特征向量后，机器学习系统根据从训练数据中学习到的分类或者回归函数对文档打分，打分结果即是搜索结果。

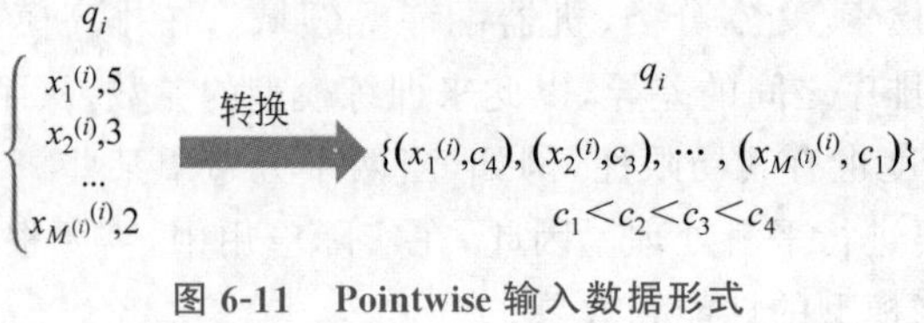

$$q_i$$
$$\begin{cases} x_1^{(i)},5 \\ x_2^{(i)},3 \\ \cdots \\ x_{M^{(i)}}^{(i)},2 \end{cases} \xrightarrow{\text{转换}} \begin{array}{c} q_i \\ \{(x_1^{(i)},c_4),(x_2^{(i)},c_3),\cdots,(x_{M^{(i)}}^{(i)},c_1)\} \\ c_1 < c_2 < c_3 < c_4 \end{array}$$

图 6-11 Pointwise 输入数据形式

单点法排序的缺点如下。

（1）实际相关度是查询相关的，会导致训练数据不一致。

（2）同一类别的文档无法排序。

（3）前几名结果对整个排序的重要性。

2. Pairwise 方法（配对法）

Pairwise 方法是考虑给定查询下，两个文档之间的相对相关度。即：给定查询 q 的一个真实文档序列，只需要考虑任意两个相关度不同的文档之间的相对相关度：$d_i > d_j$，或者 $d_i < d_j$。

Pairwise 方法的基本思路是对样本进行两两比较，构建偏序文档对，从比较中学习排序。因为对于一个查询关键字来说，最重要的其实不是针对某一个文档的相关性是否估计得准确，而是要能够正确估计一组文档之间的"相对关系"。因此，Pairwise 的训练集样本从每一个"关键字文档对"变成了"关键字文档配对"。也就是说，每一个数据样本其实是一个比较关系，当前一个文档比后一个文档相关排序更靠前时，就是正例，否则便是负例，如图 6-12 所示。试想，有三个文档 D_1、D_2 和 D_3，完美的排序是"$D_2 > D_3 > D_1$"。我们希望通过学习两两关系"$D_2 > D_3$"、"$D_2 > D_1$"和"$D_3 > D_1$"来重构"$D_2 > D_3 > D_1$"，如图 6-12 所示。

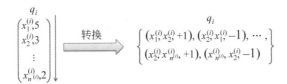

图 6-12 Pairwise 输入数据形式

相比于 Pointwise 方法，Pairwise 方法通过考虑两两文档之间的相对相关度来进行排序，有一定的进步。但是，Pairwise 使用的这种基于两两文档之间相对相关度的损失函数，和真正衡量排序效果的一些指标之间，可能存在很大的不同，有时甚至是负相关。另外，有的 Pairwise 方法没有考虑到排序结果前几名对整个排序的重要性，也没有考虑不同查询对应的文档集合的大小对查询结果的影响。

因此 Pairwise 方法的缺点如下。

（1）基于两两文档之间的相对相关度的损失函数和真正衡量排序效果的指标之间可能存在很大不同（甚至负相关）。

（2）没考虑排序结果前几名对整个排序的重要性。

（3）没考虑不同查询对应文档集合的大小对查询结果的影响。

3. Listwise 方法（列表法）

Listwise 方法是考虑给定查询下的文档集合的整体序列，直接优化模型输出的文档序列（损失函数和文档最终排序有关）。学习有两种基本思路：第一种称为 Measure-specific，目的是用什么作衡量标准，就优化什么目标；第二种称为 Non-measure specific，是根据一个已知的最优排序，尝试重建这个顺序，然后衡量中间的差异。

列表法的思想是优化损失函数。相比于 Pointwise 和 Pairwise 方法，Listwise 方法直接优化给定查询下整个文档集合的序列，所以比较好地解决了以上算法的缺陷。

◆ 6.5 基于机器学习的排序方法

基于机器
学习的排
序方法

为什么需要使用机器学习的方法来进行排序？对于传统的排序模型，单个模型往往只能考虑某一个方面（相关度或者重要性），所以只是用单个模型达不到要求。搜索引擎通常会组合多种模型来进行排序，但是，如何组合多个模型来形成一个新的排序模型，以及如何调节这些参数，都是很大的问题。使用机器学习的方法，可以把各个现有排序模型的输出作为特征，然后训练一个新的模型，并自动学得这个新模型的参数，从而实现组合多个现有模型生成新的排序模型。

1. Ranking SVM

Ranking SVM 算法是 Pairwise 方法的一种，由 R. Herbrich 等人在 2000 年提出。T. Joachims 介绍了一种基于用户单击数据使用 Ranking SVM 来进行排序的方法。该算法的基本思想是将排序问题转换为 Pairwise 的分类问题，然后使用 SVM 分类模型进行学习并求解。

Ranking SVM 的输入是针对一组查询的偏序排序信息的训练集合：

$$(q_1,r_1),(q_2,r_2),\cdots,(q_n,r_n)$$

其中，q_i 是一个查询，r_i 是所需排序的文档关于查询的部分排序信息或者相关性级别。这意味着，如果文档 d_a 应该比 d_b 排序更高，那么 $(d_a,d_b) \in r_i$，否则 $(d_a,d_b) \notin r_i$。这些排序是从哪里来的呢？如果相关性判断可以获得，所需排序就会将所有判断为高相关性级别的文档高于那些低相关性的文档。注意，这里使用了相关性的多个级别。这种多级别经常被用于网络搜索引擎的评价中。

但是，如果不能使用相关性判断，那么排序可以基于点击流和其他用户数据。例如，如果用户在一个查询的排序中单击了第三个文档而不是前面两个，那么可以假设第三个文档应该在 r 中被排序较高。如果 d_1、d_2、d_3 分别是搜索输出排序中的第一个文档、第二个文档和第三个文档，那么对这个查询在所需查询的点击流数据可以成对出现为 (d_3,d_1) 和 (d_3,d_2)。这种排序数据是充满噪声的（因为单击不是相关性判断）和不完整的，但是这种数据会有很多，并且实验显示这种类型的训练数据可以被有效使用。

假设正在学习一个线性排序函数 $\vec{w} \cdot \vec{d_a}$，其中，$\vec{w}$ 是一个用于通过学习调整的权值向量，$\vec{d_a}$ 是文档 d_a 的特征表示向量。这些特征都是基于网页内容、网页元数据、链接和用户行为的。但是，不同于语言模型概率，这个模型中的特征依赖于查询和文档内容较简单的匹配结果。例如，其中会有查询和文档正文共有词语数目的特征，以及标题的类型特征。$\vec{w}$ 向量中的权值决定这些特征的相对重要性。如果一个文档表示为三个整数值的特征 $\vec{d}=(2,4,1)$，权值向量是 $\vec{w}=(2,1,2)$，那么计算排序函数得到的得分就是：$\vec{w} \cdot \vec{d} = (2,1,2) \cdot (2,4,1) = 2 \times 2 + 1 \times 4 + 2 \times 1 = 10$。

给定查询的训练数据和排序信息,希望找到一个权值向量 $\vec{w}$ 来尽可能多地满足式(6-40)和式(6-41)。

$$\forall (d_i, d_j) \in r_1 : \vec{w} \cdot \vec{d_i} > \vec{w} \cdot \vec{d_j} \tag{6-40}$$

$$\forall (d_i, d_j) \in r_n : \vec{w} \cdot \vec{d_i} > \vec{w} \cdot \vec{d_j} \tag{6-41}$$

简单来说,这意味着对排序数据中所有的文档对,希望对相关性得分较高的文档在排名(或排序)上超过相关性得分较低的文档。遗憾的是,没有有效的算法来找到精确的 $\vec{w}$。但是,能够重新转换这个问题为一个标准的 SVM 优化问题,如式(6-42)所示。

$$\text{mini}: \frac{1}{2}\vec{w} \cdot \vec{w} + C \sum \xi_{i,j,k}$$

subject to:

$$\begin{aligned}
&\forall (d_i, d_j) \in r_1 : \vec{w} \cdot \vec{d_i} > \vec{w} \cdot \vec{d_j} + 1 - \xi_{i,j,k} \\
&\forall (d_i, d_j) \in r_n : \vec{w} \cdot \vec{d_i} > \vec{w} \cdot \vec{d_j} + 1 - \xi_{i,j,k} \\
&\forall_i \forall_j \forall_k : \xi_{i,j,k} \geqslant 0
\end{aligned} \tag{6-42}$$

式(6-42)中,ξ 称为松弛变量,用于允许对困难或者噪声训练样本的错误分类,C 是用于阻止过拟合的参数。过拟合是指学习算法在训练数据上的排序函数表现很好,但是对新查询排序文档表现不好。

诸如 Ranking SVM 的线性判别式分类器对网络搜索具有优势,但有一些训练数据很少以及可用特征也很少的其他搜索应用。对于这些应用,主题相关性的生成式模型也许更加有效,特别是那些能够持续从更好的估计技术中提高的模型。

2. 逻辑回归

逻辑回归(Logitic Regressive,LR)是一种二分类模型,它能够对给定的样本数据进行分类。在排序中,逻辑回归可以用于对相关文档进行打分,从而实现文档的排序。

逻辑回归的原理是基于最大似然估计进行模型参数估计。具体来说,对于给定的样本数据和对应的标签,逻辑回归通过对样本数据进行特征提取和预处理,得到一组特征向量。然后,逻辑回归模型通过对特征向量进行线性组合,得到一个分数值。分数值越高表示样本被分类为正例的可能性越大,反之则为负例的可能性较大。逻辑回归的输出结果是一个概率值,表示样本被分类为相关文档的概率。

最简单的回归是线性回归,例如 $y = f(x)$,表示自变量 x 与因变量 y 的关系。然而线性回归的鲁棒性很差,这主要是由于线性回归在整个实数域内敏感度一致,而分类范围需要在 $[0,1]$。逻辑回归在线性回归的基础上套用了一个逻辑函数,但也就是由于这个逻辑函数,使得逻辑回归在机器学习领域占据有利的地位。

逻辑回归模型的假设是:$h_\theta(z) = g(\theta^T z)$。其中,$z$ 代表特征向量,g 代表逻辑函数。一个常用的逻辑函数为 S 形函数(Sigmoid function),它的表达见式(6-43)。

$$g(x) = \frac{1}{1 + e^{-x}} \tag{6-43}$$

该函数的曲线图如图 6-13 所示。因此,逻辑回归模型的假设如式(6-44)所示。

$$h_\theta(z) = \frac{1}{1+e^{-\theta^T z}} \tag{6-44}$$

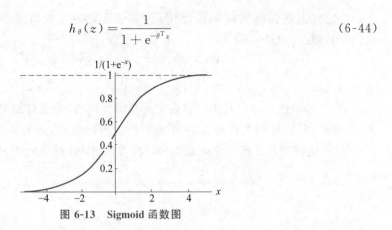

图 6-13　Sigmoid 函数图

对于 LR 模型，分类的依据是：对于给定的输入变量 z，根据选择的参数计算输出变量为 1 的可能性，即

$$h_\theta(z) = P(y=1/z;\theta)$$

在排序中，逻辑回归可以被用来对文档进行打分。通常情况下，我们会把文档看作一个特征向量，其中每个维度表示一个特征的重要程度。逻辑回归会对这些特征进行加权，得到文档的分数值。需要注意的是，在实际应用中，逻辑回归模型需要进行大量的特征工程和调参工作，才能得到较好的排序效果。

3. 朴素贝叶斯

朴素贝叶斯（Naive Bayes，NB）是一种基于贝叶斯定理和特征条件独立假设的分类算法。其基本原理是利用贝叶斯定理，通过已知特征和分类的条件概率来推导未知样本的分类概率。

朴素贝叶斯是基于一个简单假设所建立的一种贝叶斯方法，这个假设是：假定样本的不同特征属性对样本的分类影响是相互独立的。朴素贝叶斯的思想基础是用先验概率估计后验概率，对于给出的待分类项，求解在此项出现的条件下各个类别出现的概率，哪个最大，就认为待分类项属于哪种类别。朴素贝叶斯分类的具体步骤如下。

（1）设 $x=\{a_1,a_2,\cdots,a_m\}$ 为一个待分类项，而每个 a 为 x 的一个特征属性。

（2）有类别集合 $C=\{y_1,y_2,\cdots,y_n\}$。

（3）计算 $P(y_1|x),P(y_2|x),\cdots,P(y_n|x)$。

（4）如果 $P(y_k|x)=\max(P(y_1|x),P(y_2|x),\cdots,P(y_n|x))$，则 $x\in y_k$。

以上步骤中，需要基于贝叶斯定理计算第（3）步中的各个概率，计算方法如下。

（1）基于一个已知分类的训练样本集。

（2）统计得到在各类别下各个特征属性的条件概率估计（也即先验概率）：$P(a_1|y_1),\cdots,P(a_m|y_1),P(a_1|y_2),\cdots,P(a_m|y_2),P(a_1|y_n),\cdots,P(a_m|y_n)$

（3）利用贝叶斯公式转换成后验概率。如果各个特征属性是条件独立的，则满足如下推导。

$$P(y_i \mid x) = \frac{P(x \mid y_i)P(y_i)}{P(x)} \tag{6-45}$$

式(6-45)中,对于同一个样本,分母是固定不变的,因此只要最大化分子,根据后验概率大小即可进行决策分类。又因为各个属性特征是条件独立的,由式(6-46)求解文档类别。

$$P(x \mid y_i)P(y_i) = P(a_1 \mid y_i)P(a_2 \mid y_i)\cdots P(a_m \mid y_i)P(y_i)$$
$$= P(y_i)\prod_{j=1}^{m}P(a_j \mid y_i) \tag{6-46}$$

在排序中,朴素贝叶斯可以被用于学习一个排序模型。具体地,可以将查询和文档看作一些特征的集合,例如,查询和文档中包含的单词、词性等。然后,利用朴素贝叶斯分类器,预测一个给定的查询-文档对是否相关。最终,将所有的查询-文档对按照相关性从高到低排序输出。

值得注意的是,朴素贝叶斯虽然有其独特的优势,但是其假设特征之间相互独立的假设在实际应用中并不总是成立。因此,在使用朴素贝叶斯时,需要对特征的选择和处理进行一定的调整和优化,以达到更好的效果。

4. KNN

KNN(K Nearest Neighbor,K 近邻)是一种基于实例的学习算法,可以用于分类和回归问题。它的原理是根据特征空间中的最近邻居进行分类或回归。在 KNN 算法中,每个样本都有一个标签和一些特征,分类时将未知样本的特征与所有已知样本的特征进行比较,找到距离未知样本最近的 K 个已知样本,然后将 K 个已知样本的标签进行投票,得票最多的标签就是未知样本的标签。

在图 6-14 中,测试样本(圆形)应归入第一类的方形或是第二类的三角形。如果 $K=3$(实线圆圈),它被分配给第二类,因为有 2 个三角形和只有 1 个正方形在内侧圆圈之内。如果 $K=5$(虚线圆圈),它被分配到第一类,因为有 3 个正方形与 2 个三角形在外侧圆圈之内。

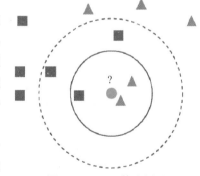

图 6-14　KNN 算法例子

KNN 算法的应用非常广泛,特别是在排序任务中,常常被用来进行相似度计算和最近邻搜索。在排序任务中,每个文档都可以看作一个向量,KNN 算法可以计算出待排序文档与所有已知文档之间的距离,并找到距离最近的 K 个已知文档,然后将这 K 个文档按照一定的规则进行排序,最终得到一个排序列表。在实际应用中,KNN 算法常常与其他排序算法结合使用,以达到更好的排序效果。

◇ 小　结

本章主要介绍检索模型和搜索排序方法。检索模型是用来衡量查询与文档之间相似度的一种数学模型,主要包括布尔模型、向量空间模型、词袋模型。接着,介绍了概率模型中的二元独立模型和 BM25 模型;语言模型使用文档中单词出现的概率来衡量文档与查询的相关性,常见的有 CBOW 和 Skip-gram 模型;排序模型使用一些特征来计算文档的相关性,并将文档按相关性数值高低排序。此外,还介绍了一些基于机器学习的排序方法,包括 Ranking SVM、逻辑回归、朴素贝叶斯和 KNN 等模型。

◆ 习　题

1. 不能正确表述向量空间模型的一项是(　　　)。

   A. 本质是把文档看作由 k 维特征构成的向量,在该向量空间中计算不同文档之间的相似度

   B. Cosine 计算相似度的方法会导致同时相关的长文档比短文档的相似度低

   C. 在向量空间模型中,当有新文档加入时,需要重新计算特征词的权重

   D. 文本特征词的向量权重可通过 TF-IDF 实现,从而保留文本词序结构信息

2. 关于检索模型下列说法错误的是(　　　)。

   A. 概率模型是计算用户查询与查询结果概率相似度

   B. 二元模型的两个假设是二元假设和词汇独立性假设

   C. N-gram 模型可以获得较长的上下文依赖

   D. 语言模型的本质是通过文档来实现对查询的预测匹配

3. 以下哪些模型不属于相关度排序模型?(　　　)

   A. 布尔模型

   B. 向量空间模型

   C. BM25 模型

   D. PageRank 模型

4. 下列关于机器学习的描述错误的是(　　　)。

   A. 机器学习中过拟合的表现是,最终模型在训练集上效果好,在测试集上效果差,泛化能力弱

   B. 根据训练数据是否有标注,可以分为监督学习和无监督学习

   C. 机器学习欠拟合是指模型不能在训练集上获得足够低的误差

   D. 机器学习模型的泛化能力与它的拟合能力成正比

5. 关于 One-Hot 与 Word-embedding 的说法,错误的是(　　　)。

   A. One-Hot 编码产生的词向量是稀疏的、高维的、二值的

   B. Word-embedding 是稠密的、低维的、从数据中学习到的

   C. 使用 One-Hot 编码的词向量包含语义信息,语义上相关的词,其对应的词向量距离相近

   D. 使用 Word-embedding 表示的词向量,距离可以度量词之间的相似度

6. 关于 TF-IDF,下面说法错误的是(　　　)。

   A. TF-IDF 是一种用于信息检索与数据挖掘的常用加权技术

   B. TF 是逆文本频率指数,IDF 是词频

  C. 特征向量里高频词的权重很大,这些词在其他文档里面也经常出现,对区分文档起的作用不大

  D. 采用 TF-IDF,词条 t 在文档 D 中的权重计算与词条在文档 D 中的频率有关

7. 对于 Skip-gram、CBOW 等词嵌入方法的理解,以下错误的是(　　　)。

  A. 词嵌入模型的训练本质上是在优化模型预测各词语同时出现的概率

  B. 词嵌入模型的设计和训练语料库的选取都很重要

  C. 不管是什么任务,在使用他人已经训练好的词向量时,直接复制词向量的权重就行了,不需要再进行任何额外的操作

  D. GloVe 模型用到了语料库上全局的统计信息,而 Skip-gram 和 CBOW 模型则只用到了局部的统计信息

8. 相比于使用 One-Hot 向量表示词语,以下不是词嵌入模型的优点是(　　　)。

  A. 训练好的词向量中能够包含更多语义信息

  B. 词向量的维度是可以自由设定的

  C. 词嵌入的实现与使用都更方便

  D. 词嵌入模型需要运用大规模语料进行训练

9. 请简述 One-Hot 编码与 CBOW 模型之间的区别,尝试举例说明。

第 7 章

搜索引擎评价

本章学习目标

- 了解搜索引擎评价的意义和评价体系。
- 熟练掌握效果评价和效率评价方法。
- 了解搜索引擎统计分析的概念和原理。

搜索引擎评价应能估计在给定条件下检索算法的有效性,并在相同情况下与另外的检索算法的有效性进行比较,或者预测这种算法在不同情况下的有效性。评价的目的是度量一个信息检索方法实现它的预期目标的效果。如果没有了评价,则很难做出明智的部署决策或者发现更好的方法。对于评价方法,一般要满足如下条件:能表示检索方法预期目标的特征;量化多大程度上实现了预期目标;采用准确、精确且经济的度量技术;用于度量误差的估计方法。

 7.1 搜索引擎评价的意义

一个好的搜索引擎评价方法对搜索引擎系统的改进能够起到巨大的推动作用。在搜索领域,学术和商业界也一直在寻求好的搜索结果评价方法。在一个搜索引擎系统上线之前,人们有必要去了解它能否适应某个特定应用环境去工作。然而,人们无法单单凭借感觉来评价新版本的搜索引擎系统是否优于其他版本。而且根据以往的经验判断,人们在直觉上的一些猜测,如提出有吸引力的搜索模型或是提出一些改进搜索效率的方法,往往成效并不明显。因此,未来评估新版本的搜索引擎的设计,需要实施一些模拟实验,当新产品上线之后,还需要继续监测和调整性能。图 7-1 列出了常见的搜索引擎。

搜索结果通常被看作原始网页的文摘,所以搜索结果的评价可以被认为是基于查询的文摘评价。1998 年,K. S. Jones[①] 从广义的角度将自动文摘的评价方法分为两类:内部评价和外部评价。内部评价是对文摘本身的质量进行直接评价,质量包含文摘的可读性、语言描述的合规性以及可接受程度等性能。外部

---

① JONES K S. Automatic summarizing:factors immarizing:factors and directions[J]. Advances in Automatic Text Summarization,1999:1.

图 7-1　常见搜索引擎

评价是一种间接的评价方法,将文摘应用于一个特殊的任务中,根据文摘在这项任务完成过程中达到的效果来评价文摘系统的性能,外部评价是测试文摘对信息检索、自动问答等任务的影响程度。

　　搜索引擎的主要评价指标是效果和效率。效果衡量的是搜索引擎返回正确的搜索答案的能力,即搜索引擎的实际排序结果与人工排序结果的吻合度。效率衡量的是搜索引擎的搜索响应速度,即搜索引擎采用的排序算法所消耗的时间和空间复杂度。搜索引擎的这两项指标相互关联,相互制衡。通常而言,由于引擎的主要用途是为用户反馈查询的结果,所以效果评价更受重视。在评价某搜索引擎能取得有效查询结果的前提下,才将评价重点转到效率评价。

　　搜索引擎是一个大众使用的工具,是一个和用户互动的过程,不同类型用户会拥有各自不同的查询习惯以及对查询结果的要求。在这种情况下,效果和效率也会被很多其他的因素所左右,例如,显示查询结果的用户界面、查询优化和查询扩展等技术的使用。对使用这些因素的搜索结果的效果和效率评价虽然非常重要,但由于这些因素很难进行控制,使得对它们的评价变得非常困难。

　　从用户的角度看,搜索引擎的最终目的是满足用户的信息需求,搜索引擎评价研究要以满足用户实际的信息需求为准则。因此,在实验数据的收集或者观察对象的选取时,都非常重视用户对评价研究的直接参与,这使得研究中的数据和信息较为客观、直接、准确和真实,减少了主观因素对评价研究的干扰,使得研究结果更具参考价值和实际意义。

　　除了搜索的效果和效率,另一个需要考虑的因素就是搜索引擎设计的成本。为了达到高效使用搜索引擎技术的目的,需要在处理器、内存、硬盘和网络方面大量投资。一般情况下,如果目的是这三个因素中的任意两个,那么第三个因素基本也满足了。对于这三个因素而言,两个极端的选择情况是,可以简单地使用字符串匹配方法进行搜索或者直接使用某些机构的检索系统。使用一个高效的搜索引擎进行直接检索,是解决这两个极端情况的一个较好的折中。

◆ 7.2　搜索引擎评价体系

　　通过对搜索引擎的评价,可以发现搜索引擎存在的问题及其原因,为进一步完善搜索引擎提供依据和措施;通过对单个搜索引擎的评价,有利于进一步认识各个搜索引擎,并为选择优秀的搜索引擎打下基础。图 7-2 是 2022 年搜索引擎使用占比。搜索引擎的评价体系主要包括以下内容。

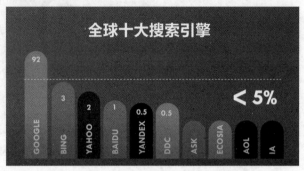

图 7-2　2022 全球十大搜索引擎

1. 收录信息的完备性

这是评价搜索引擎的基本指标。综合性的搜索引擎所属的索引数据库占有网络信息资源总量的份额数量,专业性的搜索引擎索引数据库占有该专业领域网络信息资源总量的份额,这都是衡量它们收录信息完备性的重要指标。而元搜索引擎则要衡量其成员搜索引擎的数量。

2. 收录信息的类型和质量

收录信息的类型和质量也是衡量搜索引擎的重要尺度。不但要收录 Web 的信息和资源,也要收录非 Web 的信息和资源;不但要收录文本信息,还要收录各种非文本信息(如图像信息、音频和视频信息)等。在收录的信息资源中是否存在大量的垃圾信息和重复信息、收录有用信息占收录信息总量的比重都是衡量信息质量的重要指标。

3. 标引信息的深度和准确性

标引的深度和准确性直接影响到搜索引擎的准确率和召回率。有的搜索引擎只标引主页,有的还深入到更深的层次,有的只标引文件名和目录名,有的只标引文件标题、文件正文前 20 页或 20% 的内容,有的则深入每一个知识单元,有的则全文标引。标引的项目和内容越多,检索的效果就会越好。标引不准确或者错误标引则直接影响着检索效果,因此说,不论是人工标引、机器标引,还是半自动标引,标引的准确率都是一个非常重要的指标。

4. 数据库更新的速度

及时更新数据库里的数据是对每个搜索引擎的要求。有的搜索引擎对自己数据库里的数据能够做到及时更新,有的每周,有的每月,有的则半年更新一次。数据更新周期有时会因信息类型、网站类型而不同,但都必须保证信息的时效性和链接的可靠性。数据库更新的速度可以从检索结果中重复链接的数量、断链和死链接的数量中体现出来。这也是评价搜索引擎质量的重要指标。

5. 检索功能的大小

作为网络信息检索工具的搜索引擎,不但应该具有布尔检索、截词检索、词组或短语检索、词位置检索、限制范围检索、加权检索以及大小写区别检索等基本检索功能之外,还应该具有多媒体检索、自然语言检索、多语种检索、专题检索、概念检索、相似检索、智能检索等高级检索功能。检索功能是否齐全是衡量搜索引擎质量优劣的重要尺度。

6. 响应时间的快慢

响应时间快慢在很大程度上取决于用户使用的计算机硬件、通信设备(如采用宽带上网方式要比采用拨号上网方式快得多)、网络的拥挤程度、机器是否具有记忆搜索结果加速调用的能力、用户是否使用常见词语检索等诸多外部因素。就搜索引擎内部因素而言,服务器的硬件与软件设备、网络通信设备、网络拥挤程度、数据库的结构与数量、搜索引擎的算法模式等诸多因素,都会影响到搜索引擎的响应速度。例如百度,由于采用了网站加速技术、高效搜索算法及服务器本地化,保证了最快的检索速度和最短的响应时间,1 个检索命题平均响应时间少于 0.18s。

7. 检索界面的友好性

检索界面的友好性主要体现在主页上。图 7-3 是 Google 检索界面。关键词检索是通过设定一个文本输入框(或称检索框)、输入框周围设定几个关于检索范围、检索语种的按钮来体现检索界面的友好性。对于关键词检索功能来说,最重要的是系统对检索规则的设定,如空格、逗号、引号等特殊符号的含义及其处理,所能采用的逻辑运算符的种类及其表示方法,是否能进行字段或限定词检索,能否进行二次检索,有无其他检索工具的友好链接,相关排序方法是否科学,帮助文档是否透明、有效等,这些都是评价搜索引擎关键词检索功能的重要指标,也是衡量搜索引擎检索界面友好程度的重要指标。

图 7-3　Google 主页

分类浏览检索则是在主页的某一显著位置上罗列出一级类目及重要的二级类目的类目名称,有的综合性搜索引擎在主页之下另建了搜索子网页。对于分类检索功能来说,最重要的是类目设置的全面性、类目组织的科学性、类目名称的规范化等。

搜索引擎评价体系的总结见表 7-1。

表 7-1　搜索引擎评价体系

评 价 指 标	说　　明
收录信息的完备性	评价搜索引擎的基本指标
收录信息的类型和质量	衡量搜索引擎的重要尺度
标引信息的深度和准确性	直接影响召回率和准确率
数据库更新的速度	要求做到及时更新
检索功能的大小	需具备多种高级检索功能
响应时间的快慢	取决于外部和内部诸多因素
检索界面的友好性	主要体现在主页上

◈ 7.3　效 果 评 价

传统的信息检索评价基于以下两个基本假设。

假设 1:给定一个以检索查询表示的用户信息需求,且在一个给定的文档集中,每个文档与此信息需求要么相关,要么不相关。

假设 2:文档 D 的相关性仅取决于信息需求和 D 本身,独立于文档集中的其他文档的搜索引擎排名。

基于这两个假设,可以定义各自不同的有效性指标。

7.3.1　召回率、精确率、ROC 曲线

召回率、精确率、F 值

在信息检索领域,准确率通常指检索结果中与查询相关的文档数与检索结果总数之比。召回率和精确率则用于衡量信息检索系统的性能,其中,召回率指在相关文档中,检索系统正确检索到的文档数占相关文档总数的比例;精确率指检索到的与查询相关的文档数占检索到的所有文档数的比例。一些综合性指标来评估整体性能,如 F 值和 ROC曲线。

1. 召回率、精确率

效果评价中最常用的两种方式是召回率(Recall)和精确率(Precision),用于总结和比较搜索结果。精确率是针对预测结果而言的,它表示的是预测为正的样本中有多少是真正的正样本。那么预测为正就有两种可能了,一种就是把正例预测为正例(TP),另一种就是把负例预测为正例(FP)。而召回率是针对原来的样本而言的,它表示的是样本中的正例有多少被预测正确了。那也有两种可能,一种是把原来的正例预测成正例(TP),另

一种就是把原来的正例预测为负例(FN)。表 7-2 是预测结果表。

表 7-2　预测结果表

真　实　情　况	预 测 结 果	
	正　　例	负　　例
正例	TP(真正例)	FN(假负例)
负例	FP(假正例)	TN(真负例)

召回率、精确率可以表示为式(7-1)和式(7-2):

$$召回率\ R = \frac{TP}{TP + FN} \qquad (7\text{-}1)$$

$$精确率\ P = \frac{TP}{TP + FP} \qquad (7\text{-}2)$$

由式(7-1)和式(7-2)可知,召回率是提取出的正确信息数与样本中的信息数的比率,相当于相关文档被检索到的比率;精确率是提取出的正确信息数与提取出的总信息数的比率,即检索出的文档中有多少是真实相关的比率。

召回率和精确率这两种度量方法,必须基于检出的排好序的文档集合。一种可能是在排序的每个文档位置上,计算召回率和精确率。图 7-4 显示了使用两种排序算法进行检索的前 10 篇文档,以及对于一个有 6 篇相关文档的查询,在每个排序位置所计算的召回率和精确率的值。这些排序反映了不同的检索算法或者搜索引擎的输出。

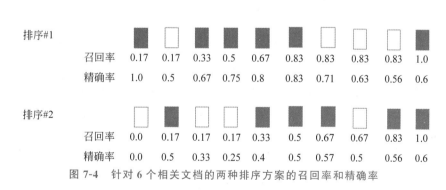

图 7-4　针对 6 个相关文档的两种排序方案的召回率和精确率

在排序位置 10(也就是说,当有 10 篇文档被检出时),这两种排序有相同的召回率和精确率。召回率都是 1.0,因为所有相关文档都被检出了;相关文档有 6 篇,精确率是 0.6,因为两个排序算法在检出的 10 篇文档构成的集合中,都包含 6 篇相关文档。然而,考察较靠前的排序位置,第一种排序算法明显要好。例如,在排序位置 4(4 篇文档被检出),第一种排序算法的召回率是 0.5(3/6),精确率为 0.75(3/4)。第二种排序的召回率是 0.17(1/6),精确率是 0.25(1/4)。

当一个查询有多个相关文档,或者相关文档较零散地分布在排序中,通常用三种方法来计算召回率和精确率。

(1) 在预定义的排序位置上计算,通常计算出精确率即可。如果一个排序位置 p 的精确率比另一个排序高,那么相应的召回率也就高,这被称为位置 p 的精确率。

(2) 当召回率从 0 到 1.0 每增加 0.1 跨度时,计算精确率的相应变化。这种方法适用于所有排序结果中的相关文档,而不仅是那些排序靠前的文档。

(3) 第三种评价排序算法的度量是 F 值。F 值被定义为召回率和精确率的加权调和平均数,其优点是用单一的数值即可评价搜索引擎的性能,表示如式(7-3)所示。

$$F = \frac{1}{\frac{1}{2}\left(\frac{1}{R} + \frac{1}{P}\right)} = \frac{2RP}{(R+P)} \tag{7-3}$$

为什么使用调和平均数而不是通常的数字平均数呢? 调和平均数强调较小的数值的重要性,而数字平均数受异常值影响较大。例如,如果返回几乎整个文档数据库的检索结果,那么召回率是 1.0,而精确率趋向于 0。算术平均数是 0.5,但是调和平均数接近 0。调和平均数显然更好地总结了检索结果的效果。

举个例子,某池塘有 1400 条鲤鱼、300 只虾、300 只鳖。现在以捕鲤鱼为目的。撒一大网,逮着了 700 条鲤鱼、200 只虾、100 只鳖。那么,这些指标分别如下。

召回率 $R = 700/1400 = 50\%$

精确率 $P = 700/(700 + 200 + 100) = 70\%$

$$F\ 值 = \frac{2RP}{(R+P)} = 70\% \times 50\% \times 2/(70\% + 50\%) = 58.3\%$$

如果把池子里的所有的鲤鱼、虾和鳖都一网打尽,这些指标将发生变化:

召回率 $= 1400/1400 = 100\%$

精确率 $= 1400/(1400 + 300 + 300) = 70\%$

$$F\ 值 = \frac{2RP}{(R+P)} = 70\% \times 100\% \times 2/(70\% + 100\%) = 82.35\%$$

由此可见,精确率是评估捕获的成果中目标成果所占的比例;召回率,顾名思义,就是从关注领域中,召回目标类别的比例;而 F 值,则是综合这二者指标的评估指标,用于综合反映整体的指标。

除此之外,正例和负例预测准确的比例被称为准确率(Accuracy)。例如,一共对 100 个样本进行了预测,正确了 90 个,则准确率为 90%。准确率可以表示为式(7-4)。

$$准确率\ Acc = \frac{TP + TN}{TP + FP + TN + FN} \tag{7-4}$$

2. ROC 曲线

ROC(Receiver Operation Characteristic)曲线是效果评价中描述性能的综合指标,ROC 曲线的横轴为 FPR(False Positive Rate),纵轴为 TPR(True Positive Rate)。其中,TPR 指在所有正例中,正确预测为正例的样本数占所有正例的比例;而 FPR 指在所有负例中,错误预测为正例的样本数占所有负例的比例。

在 ROC 曲线中,每个点代表一个特定的阈值下分类器的表现。理想的分类器在

ROC 曲线上的表现是处于左上角,即 TPR 为 1,FPR 为 0。而 ROC 曲线下的面积(AUC)越大,则代表分类器的性能越好。

绘制 ROC 曲线时,可以根据不同的阈值计算出不同的 TPR 和 FPR,然后将它们用二维坐标系表示出来即可。在使用 ROC 曲线时,依据具体的需求选择不同的阈值,从而得到最佳的分类器性能。

在图 7-5 中,先将阈值设置得很大,此时所有的样本都被预测为负例,TPR 和 FPR 都为零,逐渐减少阈值,一些样本逐渐预测为正例,TPR 和 FPR 逐渐增加,也就形成了上面的曲线,越好的模型,TPR 越先增加,FPR 越后增加,这样曲线也就越陡,就如图 7-5 中最上面的线,代表所有真实的负例都被预测为负例后,真实的正例才逐渐地预测成了正例,但只是理想模型。

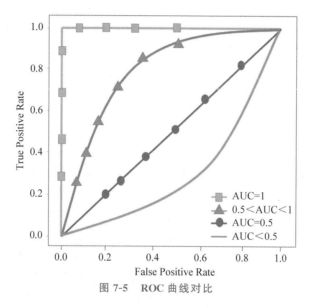

图 7-5　ROC 曲线对比

从 AUC 判断分类器优劣的标准如下。

(1) 若 AUC = 1,是完美分类器,但绝大多数预测的场合中不存在完美分类器。

(2) 若 0.5 < AUC < 1,优于随机猜测。如果这个分类器妥善设定阈值的话,有预测价值。

(3) 若 AUC = 0.5,跟随机猜测一样(如丢铜板),模型没有预测价值。

(4) 若 AUC < 0.5,说明分类能力比随机猜测还要差,也就是说,结果完全错误,反而与实际相反。

总结来说,AUC 值越大的分类器,正确率越高。

7.3.2　平均精确率

MAP

召回率和精确率主要针对一个查询,为对搜索引擎进行全面的评价,必须选择多个查询进行测试,此时,会采用平均化技术,即通过某个查询集来总结某个排序算法的排序性能。

使用平均精确率(Mean Average Precision,MAP)可得到每个查询的相关排序结果的评价数值,要对多个查询总结该排序算法性能,可把这些数值再平均。用户倾向于找到更多的相关文档。使用 MAP 来比较检索算法或者系统,需要大量的文档相关性判定工作。

对于图 7-6 中的例子,MAP 计算如下。

查询 1 的平均精确率 $= (1.0 + 0.67 + 0.5 + 0.44 + 0.5)/5 = 0.62$

查询 2 的平均精确率 $= (0.5 + 0.4 + 0.43)/3 = 0.44$

$MAP = (0.62 + 0.44)/2 = 0.53$

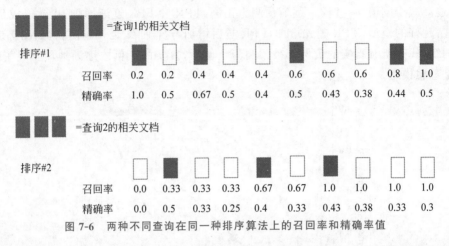

图 7-6　两种不同查询在同一种排序算法上的召回率和精确率值

MAP 评价方法为排序算法的性能提供了非常简洁的总结。虽然这种度量方法非常

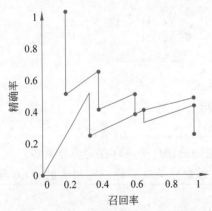

图 7-7　两种查询的召回率-精确率图

有效,但是在这一过程中,有时会丢失太多的文档信息。召回率-精确率图在不同的召回率水平上,给出了详细的排序算法的性能。图 7-7 是图 7-6中的两个查询的排序结构的召回率-精确率图。为了简化平均化过程,每个查询的召回率-精确率值被转换为标准召回率等级上的精确率值,即将标准召回率等级上的精确率值进行平均,可评价排序算法的效果。

7.3.3　关注排序靠前的文档

尽管许多搜索的结果有多个文档,但用户往往只关注排序在前的相关文档,在 Web 环境下,通常是结果的前 1~3 页。有时还有这种情况,搜索仅需要一个单独的相关文档,这时,召回率评价就不再起作用,而相关文档是否靠前才最重要。

位置 p 的精确率的评价通过平均多个查询的评价结果来评价搜索引擎,但不足之处在于:对于给定数量的相关文档,不能很好地区分不同的排序,因此选用排序倒数评价方法更为合适。它返回第一个相关文档位置的倒数,与其相关的平均排序倒数是针对一组查询的排序倒数平均值。

对于网络搜索评价及其相关的应用而言,DCG(Discounted Cumulative Gain)是一种较为普遍的评价方法。这种方法基于以下两点假设。

假设 1：高相关性的文档比边缘相关的文档要有用得多。

假设 2：一个相关文档的排序位置越靠后（例如，在排序结果列表的最后），对于用户的价值就越低，因为它们很少会被用户查看。

这两点假设产生了一种新的评价方法，这种方法为相关性设定等级，作为衡量一篇文档的有用性或者叫增益的标准。这种增益从排序靠前的结果开始计算，在靠后的排序位置上，或许会减少或大打折扣。DCG 方法是在一个特定的排序 p 的前提下，计算总的增益。具体地，它定义为

$$DCG_p = rel_1 + \sum_{i=2}^{p} \frac{rel_i}{\log_2(i+1)} \tag{7-5}$$

式中，rel_i 指的是检索回的文档中排序为 i 的文档的相关性等级，网络检索评价往往使用一种六分等级制（从 Bad 到 Perfect（$0 \leqslant rel_i \leqslant 5$））的人工相关性评价方法。如果使用二元等级制的相关性评价，则 rel_i 被指定为 0 或 1。

式（7-5）中的分母 $\log_2 i$ 是一种损失因子，在增益公式中，经常被使用到。使用这种损失因子并不存在理论上的原因，虽然它确实提供了一个相对平滑的削减。通过变化公式中的对数的基数，这种损失可以变得更加锐利或平滑。如当基数为 2 时，排序为 4 的损失值为 1/2，顺序为 8 的损失值为 1/3。

IDCG（Ideal Discounted Cumulative Gain）是最理想的 DCG。最理想的结果序列应该是将所有的待选项目按相关度从大到小排列，然后取前 p。

$$IDCG_p = \sum_{i=1}^{|REL_p|} \frac{rel_i}{\log_2(i+1)} \tag{7-6}$$

式中，$|REL_p|$ 指的是 rel_i 从大到小的顺序排序，取前 p 个结果组成的集合，也就是按照最优的方式对结果进行排序。

可以通过将真实的 DCG 值除以理想的 DCG 值来归一化 DCG 值，表示为 NDCG（Normalize Discounted Cumulative Gain）。注意，在任何排序位置上的 NDCG 值都是 $\leqslant 1$ 的。总而言之，对于一个给定的查询，NDCG 定义为

$$NDCG_p = \frac{DCG_p}{IDCG_p} \tag{7-7}$$

例如，假设文档库总共有 8 个文档，相关性分数分别为 [3,2,3,0,1,2,3,0]，返回给用户 6 个（即计算 NDCG @6）。

先计算 DCG @6，如表 7-3 所示。

表 7-3　DCG@6 计算

i	rel_i	$\log_2(i+1)$	$\frac{rel_i}{\log_2(i+1)}$
序　号	相关度	折损权重的倒数（计算）	相关度乘以折损权重（计算）
1	3	1	3
2	2	1.58	1.26

续表

i	rel_i	$\log_2(i+1)$	$\dfrac{rel_i}{\log_2(i+1)}$
序　号	相关度	折损权重的 倒数(计算)	相关度乘以折 损权重(计算)
3	3	2	1.5
4	0	2.32	0
5	1	2.58	0.38
6	2	2.8	0.71

DCG@6 是最后一列求和:

$$DCG@6 = 3 + 1.26 + 1.5 + 0 + 0.38 + 0.71 = 6.86$$

接下来计算 IDCG@6,召回的 8 个结果里,除了上面 6 个还有 2 个。如果将 8 个结果按 rel_i 进行倒序排列,再计算 DCG@6,即可得到 IDCG@6。重排得 rel_i 为$[3,3,3,2,2,1,0,0]$,计算结果如表 7-4 所示。

表 7-4　按 rel_i 重排

i	rel_i	$\log_2(i+1)$	$\dfrac{rel_i}{\log_2(i+1)}$
1	3	1	3
2	3	1.58	1.89
3	3	2	1.5
4	2	2.32	0.86
5	2	2.58	0.77
6	1	2.8	0.35

故 $IDCG@6 = 3 + 1.89 + 1.5 + 0.86 + 0.77 + 0.35 = 8.37$,$NDCG@6 = \dfrac{DCG@6}{IDCG@6} = \dfrac{6.86}{8.37} = 81.96\%$。

7.3.4　使用用户偏好

一般而言,可以通过 Kendall τ 系数(τ)进行比较。如果 P 是两种排序中一致的偏好的数量,而 Q 代表不一致的数量,Kendall 的 τ 被描述为

$$\tau = \frac{P-Q}{P+Q} \tag{7-8}$$

这个估计值在 1(当两个排序中用户偏好全部一致时)~ -1(当偏好全部不一致时)中变化。然而,当偏好来自用户单击的数据时,只有一部分的排序是可用的。实验结果显示,这部分信息可被用来学习高效的排序算法,这也意味着可以用这种方式进行排序算法

性能的评价,不过并不是使用全部的用户偏好来计算 P 和 Q。一种新的排序方法可以通过对比其产生的排序结果与已知的用户偏好,来对排序算法进行评价。

对于偏好来自二元相关判决的情况,BPREF 方法被证明可以较好地利用部分的单击数据信息对排序算法做出评价,并给出类似于召回率-准确率方法(例如 MAP)的评价结果。在这种方法中,相关文档和不相关文档的数量进行了一定的平衡,来促进不同查询结果之间的评价。对于一个返回了 R 个相关文档的查询,仅考察前 R 个不相关文档,这也相当于使用 $R \times R$ 个用户偏好。基于此,该方法定义为

$$\text{BPREF} = \frac{1}{R} \sum_{d_r} \left(1 - \frac{N_{d_r}}{R} \right) \tag{7-9}$$

式中, d_r 是一个相关文档, N_{d_r} 给出了排序高于 d_r 的不相关文档的数量(考察不相关文档集 R)。如果从偏好的角度来解释, N_{d_r} 即是对不一致的用户偏好数量的统计(对于二元相关性判定而言)。由于 $R \times R$ 是需要考察的偏好数量,BPREF 的另一种定义如式(7-10)所示。

$$\text{BPREF} = \frac{P}{P + Q} \tag{7-10}$$

这种定义和 Kendall 的 τ 定义非常类似,主要不同在于 BPREF 在 0~1 中变动。由于 BPREF 是一个有效的效果评价方法,那么这将意味着同样的评价方法或 Kendall 的 τ 评价方法,可以综合多元相关性等级和用户偏好进行计算。

◆ 7.4　效率评价

最常用的效率评价方法是基于查询流量的方法,记录每秒处理的查询数量,这是个单一数值的评价。通常,两个搜索引擎应在同一个测试集、同一个查询集合、同样的硬件环境下进行评价。搜索引擎提供方希望借助于流量数据来估计系统容量,从而决定是否还需要投入硬件资源来满足大量的用户查询。

主要的效率评价方法见表 7-5。

表 7-5　效率评价方法

评价方法	描　　述
索引时间开销	用于评价在一个特定系统上建立文档索引需要的时间
索引处理器时间开销	用于评价建立文档索引所需的时间,与索引时间开销相似,但不包括 I/O 等待时间或系统并行获得的速度
查询流量	每秒处理查询的数量
查询延迟	用户提交一个查询之后,在获得返回结果之前需要等待的时间,以毫秒计算。可以使用平均值来进行评测,但中值或百分比通常更好
临时索引空间	创建索引所使用的临时磁盘空间的数量
索引大小	用于存储索引文件的存储空间的大小

但如果仅用流量数据来评价,就会忽略延迟因素的影响。延迟和查询流量并不是正交关系,通常可以通过适当增加延迟来改进流量。当用户向系统提交一个查询时,延迟衡

量了该系统从接受查询到反馈相关文档的时间差。心理学研究显示,用户考虑某种操作并付诸实施的时间少于 150ms。如果超过了这个界限,用户将会消极地对待他们察觉到的延迟。

可以构建一个搜索引擎系统,使得它一次仅处理一个查询,即将所有的资源倾其所能地给予目前的查询。这种系统的流量较低,因为每次只能处理一个查询,这会导致一些资源的空闲。一种完全相反的方法是大批量的处理查询。这种系统首先为到来的查询重新排序,这样,那些拥有共同表达部分的查询可以同时进行处理,从而节省宝贵的处理时间。

与效果评价中的召回率和准确率一样,低延迟和高流量都代表搜索引擎的高性能,但这两项指标确实相互冲突,不可能同时达到峰值。在一个搜索引擎中,查询流量是基本需求,因为系统需要处理用户提交的每一个查询,延迟和硬件资源相对是动态的。

查询流量和延迟是最有效的效率评价方法,但同时也应将索引的代价考虑其中。假设给定足够的时间和空间,存储每个可能长度的查询,那查询流量和延迟有可能达到各自的峰值,但这时的索引代价极其巨大,所以需要衡量索引结构的大小,以及创建索引所消耗的时间。

◆ 7.5　训练、测试和统计

我们在指定测试集上计算某一检索方法 A 的有效性,并将它与其他的检索方法 B 的有效性进行比较。然而,只能从这些评价结果中知道这两个方法在给定测试集上的对比结果。理想情况下,我们想知道对于所有由文档、主题和相关性判定组成的文档集中,这两种方法哪种更好,好多少。

统计分析可用于估计一个评价结果多好地预测了系统的性能,而不局限在用于度量它的某个特定测试集。当得到检索方法在某个特定主题上的 MAP 值,可以断言,在其他主题上也会得到类似的结果,因为就算离开这些特定的评价主题,系统的预期目的也会扩展得很好。然而,如果没有统计分析,就很难说明该断言成立或哪些指标反映出系统多好地满足了它的预期目标。

7.5.1　比较评价

设 m_A 为对系统 A 的有效性评价,m_B 为对系统 B 的有效性评价。已知 m_A 和 m_B 是在类似的条件下进行评价,如果 $m_A > m_B$,可以认为系统 A 比系统 B 更有效。但我们不能知道以下这些方面:系统 A 比系统 B 有效多少,这一差异是实质性的吗? 以及,证明这一差异是实质性的证据有多强?

指标的差 $m_{A-B} = m_A - m_B$ 可用于解决第一个问题,而对于第二个问题,根据预期的目标,可以考虑需要多大的差值来区分 A 和 B 来解决。例如,当比较两个人的身高时,很难想象身高差值小于 1mm 的情况能说明什么问题,因此会把任何类似这样的差值认为是不重要的。如果度量得足够仔细,也许可以判断这两人的身高差不足 1mm,但在大多数情况下都不能说"A 比 B 高"。第三个问题考虑证据的强度,可以通过度量差值的置信区间来解决。如果置信区间只包含实质性差值,可以认为 A 确实比 B 好的置信度为 $1-\alpha$。

如果该区间仅包含非实质性差值,可以认为 A 与 B 的差别不是实质性的置信度为 $1-\alpha$。如果该区间包含实质性差值和非实质性差值,那它们的比例就反映出相应概率的平衡度。

置信区间 $c=[l,u]$ 是一个区间范围,该区间"可能"包含一个实验度量值 m 的假设"真实值"。"可能"由置信水平 $1-\alpha$ 进行量化,其中,α 被称作显著性水平。"真实值"$t=E[M]$ 是 M 的期望值,它是一个随机变量,描述了在所有实质上类似的实验中 m 的可取值的特性,这些实验的不同之处仅仅是它们从目标总体中选择样本的方式不同。

1. 显著性

证据的强度有时也称为统计显著性,或显著性。"显著性差值"意思是置信水平为 $1-\alpha$ 的置信区间不包含 0;即有很强的证据表明它们之间存在差别,不管这差别是否是实质性的。如果没有对差值或实质性的估计,从显著性得到的有用信息就微乎其微了。显著性并不意味着实质性;一个"显著性"指标可能是一个强的非实质性证据,或者是一个强的实质性证据,或都不是。

2. P 值

另一种报告一个带固定显著性水平 α(一般是 0.05)的置信水平的方法是显著性估计或 P 值。给定一个指标 P 是使得结果在显著性水平 α 下是显著的最小的值。换句话说,这是最大的不包括 0 的置信区间可取的 α 值。与指标的差 m_A-m_B 一起使用,P 值的估计准确率差不多与置信区间一样。置信区间保持 α 不变并计算区间的大小;P 值为一个特定区间计算 α,该特定区间包括 m_A-m_B 且有一区间边界为 0。使用相同的累计概率估计计算置信区间和 P 值。同时报告这两个估计并没有坏处,因为它们从不同的角度解释了同样的准确率估计。

尽管 P 值一般用于度量差别,但也可以为任何指标 m 计算 p。一个双侧的 P 值表示关于任一包含 m 的对称或半对称置信区间 $c=(0,x)$ 或 $c=[x,0)$ 的显著性水平 α。对于对称区间,有 $x=2m$。给定从一个普通的总体中独立地选出的 A 和 B,那么差值 m_{A-B} 必须得到一个对称区间。

单侧 P 值假设 $t \geq 0$(即它假设度量效果的"真实"值大于 0)且选择一个 α 使得 $c=(0,\infty]$。一般来说(假设服从对称或半对称分布),对于相同的实验,双侧 P 值正好是单侧 P 值的两倍。知道 P 值是单侧还是双侧是很重要的,同时,单侧 P 值仅当满足在评价前已明确声明 $t \geq 0$ 这一假设时才能使用,这一点也是很重要的。一旦知道度量结果 m,再去构造这一假设就太晚了。特别是,如果随机从一个普通总体中选出 A 和 B,那么使用单侧 P 值去估计 m_{A-B} 的显著性不是一种合适的做法。

7.5.2　显著性检验

为了检测数据值是否可以很好地区分两种检索算法或搜索引擎,显著性检验是一种很好的检测方法。其中,每种显著性检测是基于零假设的。一个典型的搜索引擎对比实验,一般表现为使用某种评价方法对比由两个不同检索算法产生的排序结果。在这里,零假设也就意味着两者之间存在差别。事实上,给定两种检索算法 A 和 B,假设 A 是一种基线算法,B 是一种新的算法,通常通过对比来展示 B 算法在某种效果评价方法中要比 A 算法好,而不是简单地发现二者的不同。对于这两种检索算法而言,它们是基于相同的查询集合的,这就是匹配对实验。

一般而言,根据两种算法的实验结果,显著性检验会否定零假设,而支持其他的假设。否则,我们说零假设不能被否定。正如任何二元决策过程,显著性检验可以产生两种类型的错误。类型 Ⅰ 错误是当零假设被否定的时候,结果正确。类型 Ⅱ 错误即当零假设成立时,结果错误。显著性检验通常用 power 进行描述,也就是该检验能够正确地否定零假设的概率。换句话说,一个带有较高 power 的显著性检验,将会降低类型 Ⅱ 的错误产生的机会。随着样例大小的增加,显著性检验的值也会相应增加,这里样例大小指的是实验中查询的数量。同样,随着样例的增加,还会降低类型 Ⅰ 错误的概率。

在一组特定的查询下,使用显著性检验对两种检索算法进行对比的流程如下。

(1)对于每个查询,使用这两种检索算法输出排序结果,并对排序结果进行效果评价。

(2)对于每个查询,对两种排序结果的效果评价值计算验证统计值。其中,验证值依赖于显著性检验的具体方法。继而,对该验证值进行分析,确定是否应该否定零假设。

(3)对于多个查询的验证值,统计计算 P 值,P 值指的是当零假设成立的情况下,验证值出现的概率。较小的 P 值意味着零假设并不成立。

(4)如果 P 值 $\leqslant\alpha$,零假设被否定,应该选取其他种类的假设。α 的值通常比较小,一般是 0.05 或 0.1,为的是减少类型 Ⅰ 错误。

也即,假定零假设成立,如果获取一个具体的验证统计值的概率很小,那么将否定这种假设。因此,结论变为,排序算法 B 比基线算法 A 更加高效。

一般来说,计算关于某个差值的 P 值的方法与计算关于某个差值的置信区间的方法是一样的:通过估计累计误差概率并用它来解出 p。对于单侧显著性

$$p = P(E_{A-B} \geqslant m_{A-B}) \tag{7-11}$$

式中,E_{A-B} 是误差的指标,同时对于双侧显著性

$$p = P(|E_{A-B}| \geqslant |m_{A-B}|) \tag{7-12}$$

即

$$p = P(E_{A-B} \geqslant |m_{A-B}|) + P(E_{A-B} \leqslant -|m_{A-B}|) \tag{7-13}$$

由这些公式看出,单侧 P 值表示正差异值至少与评价值 m_{A-B} 一样大的概率,而双侧 P 值表示任何差异值至少与评价值 m_{A-B} 一样大的概率。另外更明显的是,对于对称分布,双侧 P 值是单侧 P 值的两倍,这种情况对于两个相似指标间的差异值的分布是很常见的。

以上描述的流程通常称为单侧检验或单尾检验,因为我们想验证 B 比 A 好。如果仅尝试验证 B 和 A 之间存在区别,将是双侧检验或双尾检验,P 值也将被加倍计算。例如,图 7-8 展示了假定零假设成立,检验统计的可能值的分布图。其中,分布图中的阴影部分就是单侧检验的否定部分。如果一个显著性检验产生了验证统计值 x,那么零假设将被否定,这是因为获取这个值或更高的值(指的是 P 值)的概率,比获取显著边界值 0.05 的

概率要低。

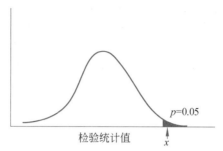

图 7-8　假定零假设成立时,验证统计的可能值的分布图

在搜索引擎评价中,使用最普遍的显著性检验是 t 检验、威氏符号秩次检验以及符号检验。

1. t 检验

一般而言,t 检验首先假定采样的数值符合正态分布。在这个匹配对实验中,这种假设指的是这两种算法的效果评价值之间的差值是正态分布的一个样例。这种情况下的零假设是指效果评价值之间的差值分布的平均值为 0。两个数值之间的 t 检验的公式为

$$t = \frac{\overline{B-A}}{\sigma_{B-A}} \times \sqrt{N} \tag{7-14}$$

式中,$\overline{B-A}$ 代表差值的平均值,σ_{B-A} 代表标准差,N 是样例的大小(查询的数量)。

在搜索评价中使用 t 检验,需要注意两点。第一点,当 N 很大时,尽管算法 A 和 B 效果评价值的差值的分布接近于正态分布,但是采样数据需要满足正态分布的假设,这对于一些效果评价方法而言并不适合。然而,实验结果却验证 t 检验的有效性,即在 TREC 数据上面,t 检验产生了和随机性检验类似的实验结果。其中,随机性检验并没有假设数据符合正态分布,并且是非参数检验里面最有影响力的一种检验方法。尽管如此,和 t 检验相比,随机性检验的计算代价很大。

第二点需要注意的是,考察与效果评价方法相关的度量层次。t 检验假定待评价的数据在一定的区间尺度上进行衡量。这就意味着可以对数据进行排序,此外,数值之间的差值也是有意义的。有些人质疑效果评价是一种顺序度量表,他们认为差值的尺度衡量并不是显著的特征。

2. 威氏符号秩次检验

威氏符号秩次检验假定算法 A 和 B 之间的效果评价值的差值可以被排序,但是差值的尺度并不重要。这也意味着,例如,对于表 7-6 中的查询 8 的差值将会被排为第一位,这是由于它是非 0 绝对值中最小的数值。验证公式为

$$w = \sum_{i=1}^{N} R_i \tag{7-15}$$

表 7-6 针对 10 个查询两种检索算法（A 和 B）效果评价表

查　询	A	B	B－A	查　询	A	B	B－A
1	25	35	10	6	15	85	70
2	43	84	41	7	20	80	60
3	39	15	－24	8	52	50	－2
4	75	75	0	9	49	58	9
5	43	68	25	10	50	75	25

式中，R_i 是符号秩次，N 是不为 0 的差值的个数。为了计算符号秩次，差值根据它们的绝对值进行升序排序，继而赋予它们排序后的位置值。其中，排序值加入了差值原始的符号。这种检验方法的零假设指的是正排序值的个数将会和负排序值的个数相同。

例如，表 7-6 中的 9 个非 0 的差值，将它们的绝对值进行排序：

$$2,9,10,24,25,41,60,70$$

基于上面的描述，它们对应的符号秩次为

$$-1,+2,+3,-4,+5.5,+5.5,+7,+8,+9$$

将这些有符号的排序值累加起来，得到 $w=35$。对于单侧验证而言，将获得 0.025 的近似 P 值，这意味着零假设可以在边界设为 $\alpha=0.05$ 的显著层次上被否定。

3. 符号检验

符号检验比威氏符号秩次验证更加深入，并且完全忽略了差值的尺度。对于这种验证而言，零假设是指 $P(B>A)=P(A>B)=0.5$。期望通过一个很大的样例集，显示 B 比 A 好的数据对的数量和 A 比 B 好的数据对的数量是相同的。对于搜索评价而言，问题在于在效果评价方法中，确定什么样的差别算是好的差别。

7.5.3 最小化判定工作

人的实质工作就是对文档进行判断，为信息检索评价得到一个判定集。每篇文档对于每个查询而言都存在一个二元相关性判定。文档池方法试图满足这一假设：它要求池中的每个文档都有一个判定结果，且把池外的文档都认为是不相关的。本节将弱化这一假设，首先修改文档池方法以减少判定的次数，然后通过修改估计 MAP 的方法，将池中还没有进行判定的文档考虑进来。

用于两种不同评价而言，作为相关性黄金标准的判定如下。

（1）系统的评价结果影响了应该对哪些文档进行判定。

（2）系统的评价结果不会影响应该对哪些文档进行判定。

为了以上两个目的，我们这里关心判定策略的效率和有效性。当使用 qrels 作为黄金标准时，效率可以用人的工作量来度量，有效性可以使用指标的效度和准确率来度量。

首先需要考虑一个理想 qrels 集的性质,使得在给定的用于度量的一组主题、文档和系统上,尽可能地达到最精确的有效度量。理想 qrels 集将表示每个文档关于每个主题的真实相关性,且独立于所评价的系统。因此上述两种标准在这里都是一样的。

任何真实的 qrels 集都会由于以下两个原因而不可能是理想的:定义相关性时的不精确性,以及给定某个定义下估计相关性的方法的效度和准确率。真实相关性这一概念与其他真实概念一样难以描述。"满足用户的信息需求"也许是最接近的一种描述方式了,但还是难以确切地知道用户的信息需求是什么或用户的需求是否得到了满足。在未知效度和查准率的情况下,可要求用户给出一个近似。

尽管存在这些问题,但是人工判定还是相关性判定最好的做法。无论判定者是用户还是第三方人员,判定工作带来的影响是深远的,因为任何一个主要的判定因素都会限制到信息检索评价工作的应用范围。穷举判定是最直接的方法,该方法让一个判定者或一队判定者对文档集中的每个文档关于每个主题都进行相关或不相关的标记。对于现在的文档集,使用穷举判定的工作量大得令人难以忍受。一般来说,人类工作量越大,得到的 qrels 集越精确。但是要达到近似或更好的判定效果,有很多比穷举判定更高效的策略。

交互搜索与判定是一种用于选择并判定文档的简单且有效的方法。一个熟练的检索者使用搜索引擎找出并标记尽可能多的相关文档。有用的特征包括相关反馈;修正查询去探索不同方面主题的能力;记录判定的机制;避免对已判定的文档重复判定的机制。在 TREC 6 之前,Cormack 等人使用 ISJ 为特定任务构造了 qrels 集,用到邻近度排名和一个用户界面来支持上述特征。每个主题的处理过程大概需要 2h,总共需要 100h——大约是对 TREC 进行判定的 1/7 的工作量。研究表明,采用这种方法得到的 qrels 集的评价结果与 TREC 的官方结果相近。通过只考虑原来做法得到的(按时间先后)第一个文档的 qrels,可以降低 ISJ 所带来的工作量。这样一个数量级的工作量所得到的评价结果也与 TREC 的官方结果很相近。

7.5.4　设置参数值

几乎每一种排序算法都需要调整参数来改进最终的效果。为了最优化算法以及对比不同算法,最合适的设置参数的方法是,使用一个训练集以及一个测试集。训练集被用来训练最佳的参数值,测试集被用来证实这些参数的有效性以及对比各种排序算法。训练集和测试集分属两个不同的文档集、查询以及相关性判断,尽管它们有可能是由一个集合分割而成的。例如,在 TREC 实验中,训练集通常是由前几年评测时所用的文档集、查询及相关性判断。当没有足够大的数据集时,交叉检验将数据集分割为 k 个子集。其中一个子集用来作测试集,剩余的 $k-1$ 个作训练集。不断循环指的是由其中的每个子集作为测试集,最终得出的最佳参数值是 k 轮参数值的平均值。

使用训练集和测试集可以帮助避免过拟合问题,这种过拟合现象表现为某一组参数值被调整得完全符合一组特殊的数据集合。如果这组特殊的数据是在应用中需要被检索的唯一的数据,那么这组参数肯定是合适的;但是更通常的一种情况是,训练语料仅是大量实际数据的一部分样例,在搜索时偶尔才会遇到。因此,过拟合将会导致参数值不能广泛地适用于其他的数据。换句话说,过拟合就是在训练语料上算法的性能提高了很多,但在测试语料上的性能反而变差了。图7-9是过拟合模型与正则化模型。

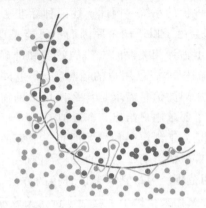

图 7-9　过拟合模型与正则化模型
(不规则曲线代表过拟合模型,光滑曲线代表正则化模型)

给定一个训练数据集,有很多技术可以为一个特定的效果评价方法找到最优的参数设置。最普通的是使用穷举法,穷举可能的参数。这种方式需要对参数不断地进行小的变动,继而需要进行大量的检索。虽然这种方式对于所有的参数进行全部考证是不可取的,但是它对于任何给定的效果评价方法,足以确保找到最佳的参数设置。

◆ 小　结

本章讲述了搜索引擎评价方法的相关内容,对搜索引擎评价的方法有很多,但并没有哪一个能全面评价搜索引擎的性能。在实际评价过程中,通常是综合运用多种评价方法,力求从不同的角度验证搜索引擎的工作性能。本章介绍了搜索引擎评价的意义,分别从搜索引擎的效果指标和效率指标来介绍评价方法。效果评价有召回率、准确率、F 值、ROC 曲线、MAP 值和 NDCG 值等;效率评价介绍了显著性检验、比较估计等方法。

◆ 习　题

1. 在信息检索领域的文献中,找出其他 3 个测试集的样例(TREC 除外)。请描述它们,并用表的形式对比它们的统计数据。

2. 假设你想了解博客搜索引擎的效果。请设计这项应用实例的几项检索步骤,继而描述你想要构建的测试集,以及你怎样评价排序算法。

3. 假设一个数据集仅包含 10 个相关的数据,搜索结果如图 7-10 所示。
根据图 7-10(0 表示不相关,1 表示相关)计算:
(1) 系统 1 和系统 2 的第 5 个位置的准确率。
(2) 第 10 个位置的召回率及 F 值,计算系统 1 和系统 2 的 MAP 值。

系统 1										
相关性	0	1	0	0	0	1	0	1	1	1
结果位置	1	2	3	4	5	6	7	8	9	10

系统 2										
相关性	1	0	1	1	1	0	0	1	0	0
结果位置	1	2	3	4	5	6	7	8	9	10

图 7-10　搜索结果

（3）根据计算结果分析原因。

第 8 章

链 接 分 析

本章学习目标

- 熟练掌握 PageRank 和 HITS 算法的原理和使用。
- 了解网页作弊和反作弊技术。

连接不同网页的链接是互联网的一个核心组成。当人们浏览网页时,链接提供了强大的导航功能,也有助于搜索引擎理解网页之间的关系。这种关系有助于搜索引擎更有效地排列网页。

人们在浏览网页的过程中,常常从一个起始网页开始,之后被那些带有链接文字所描述的网页吸引,从而单击并打开另一个网页,并依次往复。链接分析,就是挖掘这种网页间彼此链接关系的方法。

链接反映了网页之间形成的"参考"、"引用"和"推荐"关系。可以合理地假设,如果一个网页被其他网页链接的次数越多,则它相对更受到人们关注,内容应该更重要。因此,一个网页的"入度"(指向它的网页数目)可以认为是衡量其重要性的指标。同时,值得注意的是,网页的"出度"(从它连出的链接数目)对分析网页重要性也有意义。因此,可以考虑同时用两个指标来衡量网页。这些想法是链接分析领域著名的 PageRank 技术和 HITS 技术的设计基础。

 8.1　PageRank 算法

PageRank 是 Google 创始人 Larry Page 和 Sergey Brin 在斯坦福大学开发的链接分析算法。自从 Google 在商业上获得空前的成功后,该算法也成为其他搜索引擎和学术界十分关注的计算模型。目前很多重要的链接分析算法都是在 PageRank 算法基础上衍生出来的。

8.1.1　什么是 PageRank

PageRank 是一种链接分析算法,它通过对超链接集合中的元素用数字进行权重赋值,实现衡量集合范围内某一元素的相关重要性的目的。该算法可以应用于任何含有元素之间相互引用的情况的集合实体。图 8-1 是 PageRank 的卡通概念图,图中笑脸的大小与指向该笑脸的其他笑脸的数目成正比。

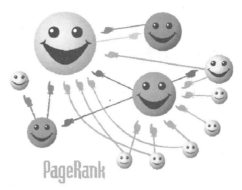

图 8-1　PageRank 的卡通概念图

PageRank 的结果来源于一种基于图论的数学算法。它将万维网上所有的网页视作结点(Node),而将超链接视作边(Edge)。每个结点的权重值表示对应的页面的重要度。每个网页的权重值人小被递归地定义,依托于所有链接该页面的网页的权重值。

我们将其中任意元素 E 的权重称为"E 的 PageRank",用符号表示为 PR(E)。

8.1.2　PageRank 的工作原理

PageRank 的核心概念相当简单:页面 A 凭借指向它的链接而具有一定的 PageRank 值。这里假设一个网页只有一个指向另一个网页的链接。当页面 A 链接到页面 B 时,页面 B 获得一定量的页面 A 具有的 PageRank 值。

当然,页面 B 不会获得与页面 A 相同的 PageRank。由于页面 B 仅通过页面 A 的一个链接获得 PageRank,因此页面 B 不能被视为与页面 A 具有同等价值。因此,页面 B 从页面 A 获取的 PageRank 值小于页面 A 的 PageRank。这称为 PageRank 阻尼因子。

在 Google 发表的描述 PageRank 的原始论文中,将此阻尼因子设置为 0.85。这意味着页面 A 的 PageRank 乘以 0.85 得到页面 B 的 PageRank。因此,页面 B 获得页面 A 的 PageRank 的 85%,而 15% 的 PageRank 流失。

如果页面 B 有到页面 C 的链接,阻尼因子将再次应用。页面 B 的 PageRank 乘以 0.85,因此页面 C 获得页面 A 的原始 PageRank 的 72.25%,如图 8-2 所示。

以此类推,PageRank 分布在整个网络中。这就是 PageRank 背后的基本思想:页面相互链接,PageRank 值流经这些链接,每个链接都会失去一点效力,因此网页从指向它们的每个链接获得不同数量的 PageRank。

没有链接的页面的 PageRank 初始值为 0.15,这是从原始 PageRank 计算中推断出来的,因此可以有一个分析的起点,而不是从零开始。

如果一个网页只有一个指向另一个页面的链接,那么上述所有内容都是有意义的。但是大多数网页都会有多个指向其他页面的链接。这是否意味着这些链接都获得起始页 PageRank 的 0.85?

在其原始形式中,PageRank 将平均分布在所有这些链接中。因此,如果有 10 个链接从 A 页面指向的不同页面,那么 85% 的链接价值将在所有这些链接之间平均共享,这样

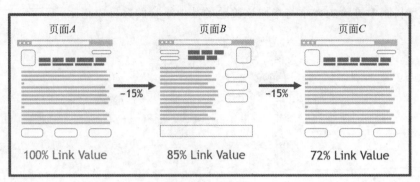

图 8-2　阻尼系数

每个链接将获得 A 页面链接价值的 8.5%(85% 的 $1/10$)。页面上的链接数越多,每个链接页面获得的 PageRank 就越低。

8.1.3　PageRank 计算

首先介绍简化版本的 PageRank 计算方法。假设有 n 个网页指向网页 A,这 n 个网页分别是 $T_1,T_2,\cdots,T_n$,则网页 A 的 PageRank 值计算方法是

$$\mathrm{PR}(A)=\frac{\mathrm{PR}(T_1)}{C(T_1)}+\frac{\mathrm{PR}(T_2)}{C(T_2)}+\cdots+\frac{\mathrm{PR}(T_i)}{C(T_i)}+\cdots+\frac{\mathrm{PR}(T_n)}{C(T_n)} \tag{8-1}$$

式中,$\mathrm{PR}(T_i)$ 是链接到网页 A 的网页 T_i 的 PageRank 值;$C(T_i)$ 表示网页 T_i 的出度链接数量。

网页通过链接关系构成 Web 图。在初始阶段,每个页面设置相同的 PageRank 值,通过多次计算,得到每个页面最终的 PageRank 值。随着每轮计算的进行,网页当前的 PageRank 值将不断更新。在更新页面 PageRank 分数中,每个页面通过将当前 PageRank 值平均分配给页面中包含的链,为每个链接赋予适当的权重,每个页面汇总该页的所有传入链的权重得到新的 PageRank 分数。每一页获得更新的 PageRank 值后,就完成了一轮 PageRank 计算。

以图 8-3 为例,计算 $\mathrm{PR}(1)$ 即 ID=1 的网页的 PageRank 值。图中包含 7 个页面,其页面编号分别为 1~7,页面之间的链接关系如图 8-3 所示。这里要注意的是,图中所示的情况已是经过若干轮计算之后的情形,每个页面已经获得了当前的 PageRank 分值。

$$\begin{aligned}
\mathrm{PR}(1)&=\frac{\mathrm{PR}(2)}{C(2)}+\frac{\mathrm{PR}(3)}{C(3)}+\frac{\mathrm{PR}(5)}{C(5)}+\frac{\mathrm{PR}(6)}{C(6)}\\
&=\frac{0.166}{1}+\frac{0.141}{2}+\frac{0.179}{4}+\frac{0.045}{2}\\
&=0.303\ 75
\end{aligned}$$

标准的 PageRank[1] 算法是

---

[1]　需要注意的是,在 Sergey Brin 和 Lawrence Page 的 1998 年原版论文中给每一个页面设定的最小值是 $1-d$,而不是这里的 $(1-d)/N$,这将导致集合中所有网页的 PR 值之和为 N(N 为集合中网页的数目)而非所期待的 1。

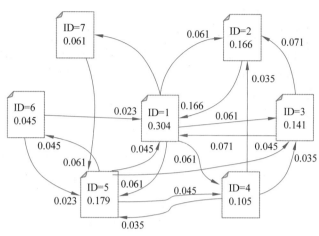

图 8-3 PageRank 计算示例

$$PR(A) = d \times \left(\sum_{i=1}^{n} \frac{PR(T_i)}{C(T_i)} \right) + \frac{(1-d)}{N} \qquad (8\text{-}2)$$

式中，N 表示网页总数，n 表示有 n 个网页指向网页 A，d 是阻尼系数，$0 < d < 1$，$d \times \frac{PR(T_i)}{C(T_i)}$ 表示网页 T_i 将自身 d 的份额的 PageRank 值平均分给每个外链。由于"没有向外链接的网页"传递出去的 PR 值会是 0，而这会递归地导致指向它的页面的 PR 值的计算结果同样为零，所以赋给每个页面一个最小值 $\frac{(1-d)}{N}$。

8.1.4 PageRank 应用与分析

图 8-4 显示了如何在搜索引擎中使用计算出来的 PageRank 来改进搜索结果排序。在搜索系统实际运行时，因为 Web 图是动态变化的，所以网页的 PageRank 值也是动态变化的。

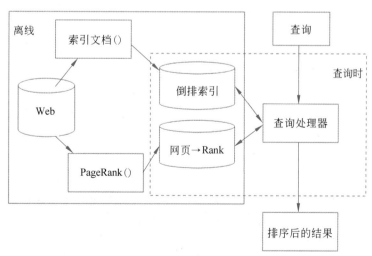

图 8-4 在搜索引擎中使用 PageRank

PageRank 是一个与查询无关的静态算法,全部网页的 PageRank 值通过离线计算获得;有效降低在线查询时的计算量,极大降低了查询响应时间。

PageRank 除了可以用于评价网页的重要度,还可以评价学术论文的重要性。根据论文间的引用关系,模仿网页间的链接关系,构建论文间的引用关系图,利用 PageRank 的思想,计算每一篇论文的重要性。

但是 PageRank 也有不可忽视的缺点。人们的查询往往具有主题特征,而 PageRank 忽略了主题相关性,导致结果的相关性和主题性减少,还会导致旧的页面的排名往往会比新页面高。因为即使是质量很高的新页面也往往不会有很多外链,除非它是某个已经存在站点的子站点。这也是 PageRank 需要多项算法结合以保证其结果的准确性的原因。

HITS 算法

◆ 8.2　HITS 算法

HITS 算法也是链接分析领域中基础且重要的算法。HITS 算法和 PageRank 算法在原理上有些类似,都既考虑网页本身的链接数,也考虑所链接网页的权威性。不过它们在概念模型、计算思路以及技术实现细节上有不同之处。

8.2.1　什么是 HITS

Hyperlink-Induced Topic Search(HITS)是一种链接分析算法,用于对网页进行评级,由 Jon Kleinberg 开发。该算法将网络中的网页归纳为两种类型,分别如下。

(1) 权威型(Authority)网页:对于一些特定的查询主题,该网页的内容包含最好最相关的信息。例如,搜索引擎领域,Google 和百度首页即该领域的高质量网页;再如视频领域,优酷和爱奇艺首页即该领域的高质量网页。

(2) 目录型(Hub)网页:该网页本身包含的信息未必最为相关,但提供了很多就某个主题而言最为权威的文档的链接集合。例如,hao123 首页可以认为是一个典型的高质量 Hub 网页。

HITS 算法认为目录页面和权威页面之间显示出一种相互加强的关系,包含以下两个假设。

基本假设 1:一个好的 Authority 页面会被很多好的 Hub 页面指向。

基本假设 2:一个好的 Hub 页面会指向很多好的 Authority 页面。

这里两个修饰语非常重要:"很多"和"好的"。所谓"很多",即被越多的 Hub 页面指向越好;所谓"好的",意味着指向该页面的 Hub 页面质量越高,则页面越好。这综合了指向本页面的所有 Hub 结点的数量和质量因素。

图 8-5 中的 Hubs and Authorities 背后的想法源于对 Internet 最初形成时网页创建的特殊洞察;也就是说,某些被称为中心的网页用作大型目录,这些目录在其所拥有的信息中实际上并不具有权威性,但被用作广泛信息目录的汇编,引导用户直接访问其他权威性页面。

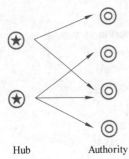

Hub　　　　　Authority
图 8-5　**Hubs and Authorities**

从以上两个基本假设可以推导出：某个网页的 Hub 质量越高，则其链接指向的页面的 Authority 质量越好；反过来，一个网页的 Authority 质量越高，则那些指向本网页的页面 Hub 质量越高。

通过这种相互增强关系不断迭代计算，即可找出哪些页面是高质量的 Hub 页面，哪些页面是高质量的 Authority 页面。

因此，该方案为每个页面分配两个分数：它的权威——估计页面内容的价值，以及它的中心价值——估计它到其他页面的链接的价值。

8.2.2　HITS 工作原理

HITS 算法首先基于某个特定的查询主题收集一个文档集合，由该集合生成一个网络链接子图 $G=(V,E)$，其中，$V=\{p_1,p_2,\cdots,p_n\}$ 表示网络中网页的集合，E 表示子图中网页之间的链接关系。然后根据该子图迭代计算出每一个网页的 Authority 值和 Hub 值。其中，子图 G 必须符合以下三个条件。

（1）G 规模相对较小。

（2）G 中包含大量与查询主题相关的网页。

（3）G 中包含绝大多数的权威网页。

HITS 算法的具体步骤如下。

（1）通过基于文本的搜索引擎进行关键字查询，得到与主题最为相关的 $r(r=200)$ 个网页的集合，称为根集 R_ϑ。

（2）基于链接分析将根集的规模由 r 扩展至 b，扩展后生成基集 B_ϑ，如图 8-6 所示。基集生成方法如下。

① 链出：对于任何网页 $p\in B_\vartheta$，将 p 指向的所有出链接添加到基集中。

② 链入：加入最多 $d(d=50)$ 个指向 R_ϑ 中网页的链接到基集中。

（3）计算 B_ϑ 中所有页面的 Authority 值和 Hub 值。

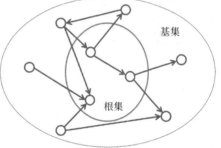

图 8-6　由根集扩展至基集

① 对于任何网页 $i\in B_\vartheta$，a_i、h_i 分别表示网页 i 的 Authority 值和 Hub 值。

② 对于任何网页 $i\in B_\vartheta$，初始化 a_i、h_i 都等于 1。

③ HITS 采用目录型网页和权威型网页相互评价的方法进行递归计算。重复进行下面三步计算，直到 a_i、h_i 收敛。

- I 操作（计算 Authority 值）：对于任何网页 $i\in B_\vartheta$，$a_i=\sum_{i\in o}h_i$，o 是根基 B_ϑ 中所有指向网页 i 的网页集。

- O 操作（计算 Hub 值）：对于任何网页 $i\in B_\vartheta$，$h_i=\sum_{i\in I}a_i$，I 是根基中网页 i 所指向的网页集。

- 归一化处理：$\sum_{i\in B_\vartheta}a_i=\sum_{i\in B_\vartheta}h_i=1$。Kleinberg 指出该算法最后将会收敛于一个值，

但是过程中计算的次数是不确定的。在实际计算过程中,该算法收敛的速度非常快。

(4) 根据这两个不同的权值,分别取出前 K 个返回给用户。

以图 8-7 为例,假设以 $A(i)$ 代表结点 i 的 Authority 权值,以 $H(i)$ 代表结点 i 的 Hub 权值。在如图 8-7 所示的例子中,基集中有 3 个结点有链接指向结点 1,同时结点 1 有 3 个链接指向其他结点。那么,结点 1 在此轮迭代中的 Authority 权值即为所有指向结点 1 页面的 Hub 权值之和;类似地,结点 1 的 Hub 分值即为所指向的结点的 Authority 权值之和。

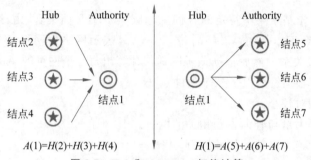

图 8-7　Hub 和 Authority 权值计算

基集内其他结点也以类似的方式对两个权值进行更新,当每个结点的权值都获得了更新,则完成了一轮迭代计算。此时 HITS 算法会评估上一轮迭代计算中的权值和本轮迭代之后权值的差异,如果发现总体来说权值没有明显变化,说明系统已进入稳定状态,则可以结束计算。将结点根据 Authority 权值得分由高到低排序,取权值最高的若干结点作为响应用户查询的搜索结果输出。如果比较发现两轮计算总体权值差异较大,则继续进入下一轮迭代计算,直到整个系统权值稳定为止。

8.2.3　HITS 算法存在的问题

HITS 算法是基于用户查询的网页排序算法,所以它针对的不是整个网络链接结构图,而是基于某个特定查询主题的网络链接子图,可以返回更加精确的结果。但是,HITS 算法在对文档进行排序时,仅对网页之间的链接关系加以分析,没能够联系网页的内容,在很多情况下,会带来很多的问题。

(1) 网站之间的恶意相互加强:网站 A 上的很多网页同时指向另外一个网站 B 上的某个网页,这样,A 网站上网页的 Hub 值和 B 网站上网页的 Authority 值都被恶意提高,反之亦然。HITS 算法中假定某一网页的权威值应该由不同的单个组织或者个人决定,上述情况影响了 A 和 B 网页的 Hub 值和 Authority 值。

(2) 主题漂移:由根集扩充到基集的过程中,HITS 算法将根集中页面指向的全部页面加入基集中,并加入指向根集页面的 d 个页面。该方法认为:相关页面所指向的页面一般是与查询相关的,指向相关页面的页面在一般情况下也是与查询相关的,但是这个观点并不总是成立。如果在根集中存在少数与查询主题无关的网页,但是它们之间是紧密链接的,那么在由根基扩充到基集的过程中,就会加入绝大多数与查询主题不相关的网页,从而偏离了原来的查询主题。

（3）主题泛化:用 HITS 进行窄主题查询时,扩展以后引入了比原来主题更重要的新的主题,新的主题可能与原始查询无关。泛化的原因是因为网页中包含不同主题的链接,而且新主题的链接具有更高的重要性。

（4）垃圾链接的影响:有些开发工具在网页制作的过程中会自动加入一些链接,这些链接有的是为了给用户提供导航帮助,有的是一些商业广告,用于赞助商和友情交换的链接,这些链接与查询主题基本上是无关的,所以它们的加入会大大降低 HITS 算法的精度。

8.2.4　HITS 与 PageRank 比较

HITS 算法和 PageRank 算法是链接分析领域的两个基础且重要的算法。两者无论在基本概念模型,还是计算思路及技术实现细节上都有很大的不同,下面对两者之间的差异进行说明。

（1）HITS 算法因为与用户查询密切相关,所以必须在接收到用户查询后进行实时计算,计算效率较低;PageRank 与查询请求无关,则可以在爬虫抓取完成后离线计算,在线直接使用计算结果,计算效率较高。所以,HITS 可以单独作为网页相似性计算的评价标准,而 PageRank 必须结合内容相似性计算才可以用来对网页相关性进行评价。

（2）HITS 算法结构不稳定,即使对扩展网页集合内链接关系做很小的改变,对最终排名都有很大影响;PageRank 算法相对 HITS 而言表现稳定,其根本原因在于 PageRank 计算时的远程跳转。

（3）HITS 算法根据索引时间对页面进行排名,查询结果相关性是较少的;而 PageRank 因为使用超链接来提供良好的结果并且还考虑了页面的内容,所以结果相关性比 HITS 算法表现好。

（4）HITS 计算对象数量较少,只需计算扩展集合内网页之间的链接关系;PageRank 是全局性算法,对所有互联网页面结点进行处理。HITS 算法存在主题泛化问题,所以更适合处理具体的用户查询;PageRank 算法在处理宽泛的用户查询时更有优势。

两个算法对比见表 8-1。

表 8-1　HITS 和 PageRank 比较

算　法	HITS	PageRank
计算效率	实时计算,计算效率较低	离线计算,计算效率较高
查询依赖	HITS 依赖于查询	PageRank 与查询无关
稳定性	HITS 算法结构不稳定	PageRank 相对稳定
结果相关性	较少	较多
算法复杂度	$O(k\,n^2)$	$O(n)$
计算对象	计算对象数量较少	所有互联网页面结点
处理查询	具体的用户查询	宽泛的用户查询
链接反作弊	HITS 算法更易遭受链接作弊的影响	PageRank 优于 HITS 算法

8.2.5 其他改进算法

1. SALSA 算法

Stochastic Approach for Link-Structure Analysis[①](SALSA)是由 R. Lempel 和 S. Moran 设计的网页排名算法,根据它们之间的超链接数量为权威网页分配分值。

SALSA 的灵感来自另外两种基于链接的排名算法,即 HITS 和 PageRank。

从整体计算流程来说,可以将 SALSA 划分为两大阶段:首先是确定计算对象集合的阶段,这一阶段与 HITS 算法基本相同;第二个阶段是链接关系传播过程,在这一阶段则采纳了 PageRank 算法的随机游走模型。

SALSA 算法在接收到用户查询请求后,利用现有搜索引擎或者检索系统,获得一批与用户查询在内容上高度相关的网页,以此作为根集。并在此基础上,将与根集内网页有直接链接关系的网页纳入,形成扩展网页集合。之后会在扩展网页集合内根据一定的链接分析方法获得最终搜索结果排名。

在获得了扩展网页集合之后,SALSA 根据集合内的网页链接关系,将网页集合转换为一个二分图。即将网页划分到两个子集合中,一个子集合是 Hub 集合,另一个子集合是 Authority 集合。划分网页结点属于哪个集合,则根据如下规则。

如果一个网页包含出链,这些出链指向扩展网页集合内其他结点,则这个网页可被归入 Hub 集合;如果一个网页包含扩展网页集合内其他结点指向的入链,则可被归入 Authority 集合。

在链接关系传播阶段,SALSA 算法放弃了 HITS 算法的 Hub 结点和 Authority 结点相互增强的假设,转而采纳 PageRank 的随机游走模型。

2. Hilltop 算法[②]

Hilltop 算法的指导思想和 PageRank 是一致的,都是通过网页被链接的数量和质量来确定搜索结果的排序权重。

关键区别在于,Hilltop 只考虑"专家"页面:专门为引导人们获取资源而创建的页面。为了响应查询,首先计算与查询主题最相关的专家列表。然后,在选定的专家组中识别相关链接,并跟随它们识别目标网页。最后根据指向目标的非附属专家的数量和相关性对目标进行排名。因此,目标页面的分数反映了最佳独立专家对查询主题的集体意见。当没有这样的专家库时,Hilltop 不会提供任何结果。因此,Hilltop 针对结果准确性而非查询覆盖率进行了调整。

算法主要包括以下两个阶段。

---

① LEMPEL R,MORAN S. SALSA: the stochastic approach for link-structure analysis[J]. ACM Transactions on Information Systems (TOIS),2001,19(2): 131-160.

② BHARAT K,MIHAILA G A. Hilltop: A search engine based on expert documents[C]//Proceedings of the 9th International WWW Conference (Poster). 2000,10.

1）专家查询

将专家页面定义为关于特定主题的页面，并具有指向该主题的许多非附属页面的链接。如果两个页面是由非附属组织的作者创作的，则它们在概念上是非附属的。在预处理步骤中，搜索引擎抓取的页面子集被识别为专家。这个子集中的页面在一个特殊的倒排索引中被索引。

给定一个输入查询，在专家索引上查找匹配的专家页面并对其进行排名。此阶段计算有关查询主题的最佳专家页面以及相关的匹配信息。

2）目标排名

当且仅当查询主题的一些最佳专家指向它时，页面才是查询主题的权威。当然，在实践中，一些专家页面可能是更广泛或相关主题的专家。如果是这样，那么专家页面上只有一部分超链接可能是相关的。在这种情况下，必须仔细选择所考虑的链接，以确保其限定文本与查询相匹配。通过结合来自查询主题的许多专家的相关外链，可以找到与查询主题相关的页面社区最受重视的页面。算法流程如图 8-8 所示，这是 Hilltop 算法提供的高度相关性的基础。

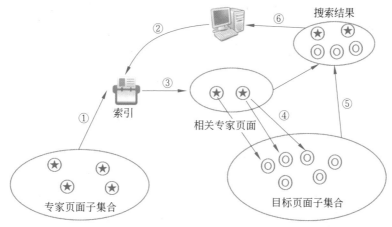

图 8-8　Hilltop 算法流程

给定排名靠前的匹配专家页面和相关匹配信息，选择专家页面内的超链接子集。具体来说，选择具有与之关联的所有查询术语的链接，这代表着链接与查询匹配。通过对所选链接的进一步连接性分析，将其目标的子集确定为查询主题中排名靠前的页面。确定的目标是那些至少有两个关于该主题的非附属专家页面链接到的目标。目标按排名得分进行排名，排名得分是结合指向目标的专家的得分计算得出的。

8.3　网页作弊技术

网页作弊、反作弊技术

随着互联网信息的爆炸式增长，搜索引擎成为人们信息获取的首选。能否在搜索引擎排名中占据比较靠前的位置，在一定程度上将决定网页的访问量。有些网站不是通过提高网页质量来提高搜索引擎中的排名，而是根据搜索引擎本身的特点，使用欺骗手段来提高排名，这就是网页作弊。

作弊网页为了使自己排在搜索引擎返回结果的前面,通常根据搜索引擎的技术特点修改页面本身内容或者页面之间的链接结构来实现页面评分的提高。还有的网页通过隐藏技术间接地将实际页面内容排在搜索引擎结果列表中本不属于它的位置。

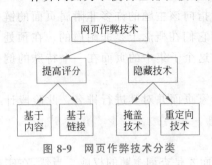

图 8-9　网页作弊技术分类

本节主要讲解目前常见的一些互联网网页作弊方法。从大的分类来说,比较常见的作弊方法包括:内容作弊、链接作弊、掩盖技术和重定向技术,如图 8-9 所示。

8.3.1　基于内容的作弊技术

比较常见的内容作弊方式有:关键词重复、虚假关键词、隐形关键词、内容农场。

(1) 关键字重复是指在网页中大量使用关键字或数字,试图操纵网页在搜索结果中的排名的做法。这些关键字通常以列表或群组形式显示,或与上下文无关。关键字、堆砌的示例包括:没有实质作用的电话号码列表、罗列城市和地区的文本块,目的是帮助某网页提高排名。频繁重复相同的字词或短语,读起来很不自然。

(2) 虚假关键词是基于内容的作弊以提高搜索引擎计算网页的相关性分数为主要目的。作弊网页经常会在页面上添加与文章内容无关的热门搜索词,使用户在进行热门单词查询时能够搜索页面,获得较高的相关性分数,从而提高页面排名。

(3) 隐形关键词是隐藏放置在网页上的内容,其目的单纯是为了操纵搜索引擎,而不是方便人类访问者查看。隐藏文字或链接的示例包括:在白色背景上显示白色文字;将文字隐藏在图片后面;使用 CSS 将文字放在画面外;将字体大小或不透明度设为 0;通过只链接一个小字符(例如,段落中间的连字符)来隐藏链接。

如图 8-10 所示,作为图片描述信息的 alt 标签,一般情况下不会在 HTML 页面上显示,除非用户将鼠标放在图片上。但是搜索引擎会使用这个信息,所以有些作弊者用作弊词汇来填充 alt 标签的内容,以达到吸引更多搜索流量的目的。

```
1.  <!--示例1: 将字体设置成1像素, 放在网页中一般是看不到的 -->
2.  <font size="1">关键词, 关键词</font>
3.  
4.  <!--示例2: 将关键词放到页面左边10000像素处, 完全在网页可视范围之外, 但是搜
       索引擎可以识别-->
5.  #header {
6.  margin-top:-10000px;
7.  margin-left:-10000px;
8.  position:absolute;}
9.  <div id="abc">关键词</div>
```

图 8-10　隐形关键词

(4) 内容农场作弊是指通过创造低质量网页内容来吸引流量的作弊方式。内容农场

作弊者通过雇佣人员来创造内容,本质上这种模式没有问题,问题在于创造内容的过程没有标准,导致产出内容质量低下,严重影响搜索结果。很多文章是通过复制稍加修改来完成的,但是他们会通过研究热门搜索词,并将这些词汇加入写作内容中。这样,用户在搜索时,会被诱导进这些网页中。

内容农场是雇佣人员写作低质量内容,不是机器简单拼接内容的方式,这种作弊方式搜索引擎往往难以区分,但是又严重影响搜索结果,所以是一种很难处理的作弊方式。

通过以上四种常见作弊手段的描述,可以把作弊者的作弊意图概括成以下三类。

(1)增加对目标作弊词的词频来提升排名。

(2)增加主题无关内容或者热门查询词来吸引流量。

(3)通过关键位置插入目标作弊词影响排名。

常见的内容作弊总结见表 8-2。

表 8-2　常见的内容作弊

方　式	特　点
关键字重复	在标题、标签、alt 属性、超链接文本、网页内容中大量重复关键词
虚假关键词	标题、标签中的关键词和网页内容无关
隐形关键词	为了增加关键词的频率,把关键词的颜色设置为和网页背景颜色一样
内容农场	雇佣人员批量创造低质量网页

8.3.2　基于链接关系的作弊技术

为了达到提高自身的重要性评分,作弊页面用建立链接之间的关系来误导 PageRank 算法和 HITS 算法。在网络环境中,页面的 PageRank 值分布不均衡,同时 PageRank 算法也容易受到攻击,PageRank 值稍有提高,就会显著提高页面排名。常见的链接作弊方法众多,本节简述几种比较流行的作弊方法。

(1)购买过期域名:当一个站点域名过期时,指向它的其他网站很难在第一时间将对应链接信息进行覆盖更新。作弊者利用这个时间空隙,购买过期域名,然后替代为自己的作弊网页,来提高 PageRank 值。

(2)作弊链接交换:为了提高各自页面的重要性,网页作弊者相互之间通常会进行合作,也就是在各自的页面中添加指向对方页面的链接。

(3)深入网页目录:一些拥有很高的 PageRank 值和 Hub 值的 Web 分类目录允许网站所有者将其网站提交给目录中的某个主题。作弊者可以在目录中提交带有目标作弊页面链接的网页,从而提高目标作弊页面的排名。

(4)张贴留言链接:在博客、访客留言板等网络平台上,网络使用者可以在上面张贴信息。作弊者将指向目标作弊页面的链接附在他们张贴出的评论和信息中,这样可以提高作弊页面的 PageRank 值。而为了能大量地张贴链接,作弊者常常采用机器自动添加的方法,这也造成了评论和主题内容偏离的现象。

(5)构造链接农场:网页作弊者将大量的作弊页面组织在一起,构建了大量互相紧密链接的网页集合,期望能够利用搜索引擎链接算法的机制,通过大量相互的链接来提高网页排名,从而使结构中的所有作弊页面都会得到一个相对较高的 PageRank 值。链接农场内的页面链接密度极高,任意两个页面都可能存在互相指向的链接。图 8-11 是链接农场的示意图,图中每个圆圈代表一个网站,每个箭头代表两个网站之间的一对超链接。

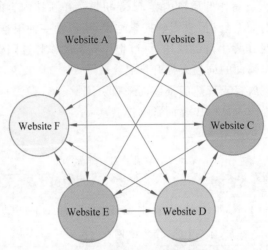

图 8-11 链接农场的示意图

(6) Google 轰炸:锚文字是指向某个网页的链接描述文字,这些描述文字常常是被指向网页的内容主题。作弊者为了诱导搜索引擎给予目标网页较高排名,会设置与目标网页无关的热门锚文字内容。如有众多的网页内容的锚文本"悲惨世界"指向同一个链接,这个目标网页也许和链接词没任何关系,但是最终结果是搜索引擎会将两者联系起来,用户只要搜索"悲惨世界",目标页面的排名将非常靠前。即当有大量包含特定关键词的链接指向某一个页面的时候,这个网页就算没提到这个关键词,排名也会非常好,如图 8-12 所示。

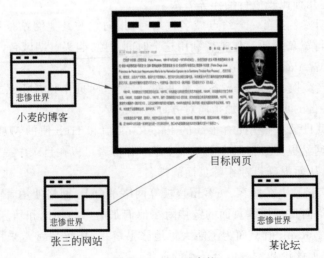

图 8-12 Google 轰炸

常见的链接作弊方式总结见表 8-3。

表 8-3 常见的链接作弊方式

方　　式	特　　　点
购买过期域名	利用网站更新不及时,将过期域名链向作弊网页
作弊链接交换	作弊者互相合作,指向对方链接
深入网页目录	将作弊网页链向高排名的目录中
张贴留言链接	在留言区留下指向作弊网页的链接
构造链接农场	大量作弊页面互相链接组成的网页集合
Google 轰炸	大量制造锚文本链接指向作弊页面

8.3.3 掩盖技术和重定向技术

在搜索引擎根据查询词来抓取网页时,作弊页面会发送一个包含查询词相关资源的高质量页面给搜索引擎,让搜索引擎产生这是一个有价值的页面的想法,并且在用户查询界面,让其排在比较靠前的位置。但用户真正单击这个作弊网页时,网站会发送与当初不同的作弊网页"真正"的内容,这些内容和用户查询往往并不相关。这种同一页面给搜索引擎爬虫和给用户发送不同内容的方法就是掩盖技术。常见的掩盖技术有以下几种。

(1) IP 地址隐形作弊(IP Cloaking):作弊者可以维护一个搜索引擎抓取时使用的 IP 地址列表,通过 IP 地址匹配来识别;如果发现搜索引擎在请求页面,会发送一个伪造的高质量页面,如果是其他 IP,则发送另外的网页内容。

(2) HTTP 请求隐形作弊(User Agent Cloaking):作弊者可以通过 HTTP 请求消息中的用户代理域来进行识别;搜索引擎爬虫时往往会在用户代理域这一项有明显的特征,作弊网页判断是搜索引擎,则发送伪造的页面,如图 8-13 所示。

并不是所有使用了掩盖技术的页面都是作弊页面,有一些页面在发送给搜索引擎的内容中去掉了一部分广告信息和链接信息,而主要内容和发送给用户的一样,这样可以减轻搜索引擎在进行索引时的负荷,这是搜索引擎能够接受的。

重定向技术指当浏览器加载一个 URL 后,跳转到另外一个 URL 所指向的网页。页面的跳转可以通过三种方法来实现:使用 HTTP 状态码、使用 META 域刷新、使用 JavaScript 脚本。

(1) 使用 HTTP 状态码:浏览器在接收到 HTTP 请求后,根据对应 HTTP 状态码进行响应,当状态码为 301、302、303、307、308 时发生跳转。

(2) 使用 META 域刷新:当页面的 META 域中出现 refresh 标签时,页面发生跳转。

(3) 使用 JavaScript 脚本:JavaScript 作为在网页中使用的脚本语言,通过简单的语句就能使页面发生跳转。

由于搜索引擎很难将网页重定向后的内容爬取下来,所以作弊者可以将 URL 对应的原始页面包装成一个高质量页面,令搜索引擎对其进行索引,然后在用户单击 URL 之

图 8-13　请求隐形作弊

后,重定向到其他页面,实现作弊。

◆ 8.4　网页反作弊技术

网络作弊是搜索引擎面临的主要挑战之一。本节将结合常见的网页作弊方法,论述目前比较有效的反作弊技术。大多数反作弊技术在整体技术思路上是有规律可循的。可以将反作弊手段分为 3 类:信任传播模型、不信任传播模型和异常发现模型。

1. 信任传播模型

图 8-14 中首先在大量的网页中筛选出一个网页白名单,即肯定不会进行作弊的页面,信任传播模型以网页白名单中的页面为出发点,给予这些页面比较高的信任度分数。对于其他页面,要根据其和白名单中的页面的链接关系来确定网页是否作弊。白名单内网页通过链接关系呈辐射状向外扩散传播信任度分数。对于网页的评价,设置一个阈值,如果某个页面最后得到的信任度分数高于这个阈值,则认为没有问题;反之,则被评定为作弊网页。

2. 不信任传播模型

不信任传播模型如图 8-15 所示。不信任传播模型和信任传播模型在技术框架上是类似的,只是不信任传播模型建立的是黑名单,即最不值得信赖的页面集合,也就是确实已经存在作弊行为的网页。给予黑名单内网页不信任分数,通过链接关系呈辐射状向外扩散传播不信任度分数。如果最后页面的不信任分数高于设置的阈值,则被评定为作弊页面。

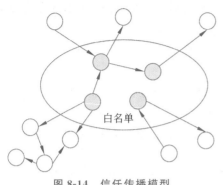
图 8-14　信任传播模型

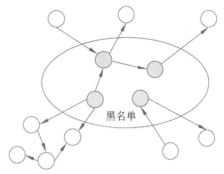
图 8-15　不信任传播模型

3. 异常发现模型

异常发现模型基于作弊网页必然不同于正常网页的基本假设,这种不同可能是在内容层面或是在链接关系层面。流程常常是先根据已有的作弊页面集合,分析出这些网页的共同异常特征,然后利用这些特征来筛选识别未知的作弊网页。

异常发现模型又根据如何判断异常分成两种子模型,第一种直接分析作弊网页的异常特征来构建模型;第二种则通过分析正常网页必备的特征,反向推理作弊网页一定不具备这些特征,由此来构建模型,也就是如图 8-16 所示模型。

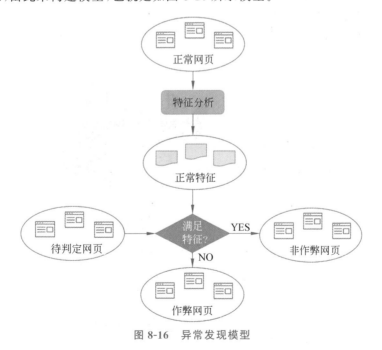
图 8-16　异常发现模型

8.4.1　特定类别的作弊页面识别技术

上面所讲的三种模型与具体作弊方法无关,属于通用性模型。但是通用性往往导致对特定网页作弊方法的识别没有针对性。而对于特定类别的作弊页面识别技术是非常具有针对性的设计算法。

1. 基于内容作弊页面的识别

基于内容的作弊方法是针对页面文本域的各个部分区域进行热门词填充等,因此识别这类作弊页面的方法主要通过分析作弊页面不同于正常页面的特征。例如,对于标题关键词作弊,可以通过标题词汇出现在文章正文中的比例和权重,达到一定比例的视为标题关键词作弊。

对于页面内重复出现热门词的作弊,可以用文本内一定大小的窗口里出现同一词是否达到一定频率来判断,如果是的话,则消除掉重复出现内容。

一些统计手段也可以用来进行内容作弊识别,例如,统计正常网页中停用词的分布规律、正常网页中句子长度规律以及比较页面内容统计属性是否异常来识别作弊行为。

为了区分内容农场,可关注内容农场的共同特征。内容农场的共同特征如下:信息不全面、权威性不强的短文;网页广告太多;糟糕的网页布局和设计;没有任何相关性或逻辑原因的其他网站链接;从其他网站复制和粘贴的内容;低质量图像;毫无根据的信息;非专业的乱码文章。

为了解决内容农场问题,Google 于 2011 年 2 月首次推出 Google Panda,如图 8-17 所示,该算法以 Biswanath Panda 的名字命名。Google Panda 是一种搜索结果排名更新算法,此算法旨在降低对低质量网站的排名——这些网站对用户的附加值低,从其他网站或不是很有用的网站复制内容。同时,它将为高质量网站提供更好的排名——具有原创内容和信息的网站。

图 8-17　**Google Panda**

2. 基于链接作弊页面的识别

相对于内容作弊的页面识别,基于链接关系作弊的识别相对困难,主要是识别链接农场。比较常用的识别算法统计特征如下。

(1) 网页入链和出链方面:正常网页的入链和出链满足幂次分布,作弊网页则违反该分布。

(2) URL 名称方面:作弊网页的 URL 一般较长,包含比正常网页更多的点画线和数字等。

（3）IP 地址方面：尽管很多作弊网页的 URL 地址不同，但往往会对应同一个 IP 地址。

还可以利用链接农场的结构特征来进行识别，即通过网页之间的链接关系紧密程度，使用一些紧密链接子图自动发现算法，来识别这些紧密链接的页面子图。而往往这种具有紧密链接的就是作弊网页构成的。图 8-18 展示了链接农场与正常网页的结构对比。

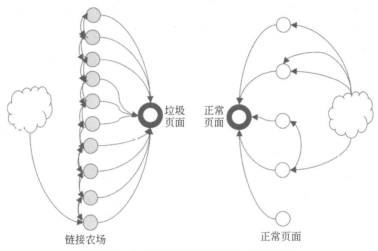

图 8-18　链接农场与正常网页的结构对比

3. 掩盖作弊和重定向作弊页面的识别

识别掩盖作弊页面的主要方法中，都需要对每个 URL 抓取两个版本的内容，即第一个版本是正常的搜索引擎爬取的页面；第二个版本是模拟用户访问获取到的页面。比对两个版本的内容，如果两次版本内容差别较大，则被评定为作弊页面。但是如果直接应用到实际系统中，搜索引擎爬虫的效率将会大大下降。而真正使用了掩盖作弊的页面最多也不到 10%。

所以如何根据爬虫抓取网页的特征来排除大部分不可能使用掩盖作弊的页面，将是提高效率的重要抓手。考虑到大部分作弊者都具有商业动机，所以往往一些热门查询，以及具有商业价值的查询词的页面更可能采用掩盖作弊方法。可以从查询日志中挖掘最热门查询，同时挖掘引发搜索结果中出现"赞助商链接"的商业性词汇。

网页重定向是很容易识别的，目前搜索引擎会对采用了重定向的网站进行降权惩罚。但是，重定向的网页并不一定是作弊网站，识别重定向作弊页面需要更加精确地处理。

K. Chellapilla 等[①]提出了基于 JavaScript 脚本跳转识别作弊页面的方法，用来识别 JavaScript 重定向作弊。他们使用一个带有 JavaScript 解析功能的爬虫和一个不带 JavaScript 解析功能的爬虫分别对同一个 URL 进行爬取。有解析功能的爬虫将会跟踪

---

① CHELLAPILLA K，MAYKOV A. A taxonomy of JavaScript redirection spam[C]//Proceedings of the 3rd International Workshop on Adversarial Information Retrieval on the Web. 2007：81-88.

页面中的 JavaScript 语句,抓取最终跳转到的页面及其 URL,比较这个 URL 和原始 URL 是否相同,如果相同,则不是 JavaScript 作弊,否则比较这两个 URL 是否在同一域名下。如果在同一域名下,可能是论坛内部跳转,并不是重定向作弊,但如果不是同一域名下的 URL,那么这个页面被评定为作弊页面。

8.4.2 非特定类别的作弊页面识别技术

传统的针对作弊技术的识别方法都依赖于作弊技术本身,需要等搜索引擎发现并认知后才能进行针对性的反作弊,不能及时进行作弊页面的识别。而非特定类别的作弊页面识别技术能够解决传统方法中的这个问题。

1. 基于用户行为的作弊识别技术

由于大多数作弊网页的用户访问是搜索引擎引导用户单击导致的,所以可以借助用户浏览日志,分析用户访问行为的一些特征来进行作弊页面识别。

例如,通过分析搜索引擎引导访问页面次数比,及页面作为链接源被用户单击到其他页面的次数比。用户通常不会在作弊页面上单击链接,所以作弊网站作为链接源单击比值会比较小。也可以分析用户在一次会话中访问站点中页面数量较少的网页,用户在浏览到作弊站点之后,通常不会再在作弊站点中浏览其他的页面。

2. 基于作弊目的的作弊识别技术

因为作弊网站的目的都是为了获取经济利益,虽然作弊者可以通过更新作弊技术来应对反作弊技术,但是作弊网页的目的始终不会发生改变,这导致作弊网站的类别有如下几种。

(1) 广告类。这类作弊主要是为了引导用户单击广告,从而获取代理商的利益,广告类作弊主要有 JavaScript 嵌入的列表型、视频类等形式。

(2) 增值服务类。这一类作弊主要是给用户提供一些收费服务来获取利益。

(3) 博客类。主要通过发布链接等行为给其他站点提供流量或广告宣传。

以上两类作弊页面的识别技术都是从作弊页面的作用结果出发来进行识别,这也是未来作弊页面识别技术发展的主要方向之一。

◇ 小 结

本章主要讲解了链接分析领域著名的 PageRank 和 HITS,详细介绍了两种算法的定义、算法原理及其在实际应用中的表现,并比较了两种算法的异同点。在此基础上,提出了优化的链接分析算法:SALSA 算法和 Hilltop 算法。

网络作弊也是搜索引擎面临的主要挑战之一。本章结合常见的网页作弊方法,论述目前存在的比较有效的反作弊技术。常见的网页作弊方法有基于内容的作弊技术、基于链接关系的作弊技术、掩盖技术和重定向技术。反作弊技术则分别针对四种不同类别的作弊技术进行有效防治,最后针对用户行为和作弊目的进行非特定类别的作弊页面识别。

◇习　　题

1. 计算图 8-3 中各个页面的 PageRank。

2. 比较 PageRank 算法和 HITS 算法的异同点。

3. 列举出常见的网页作弊方式及对应的反作弊手段。

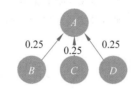

图 8-19　计算 PageRank 值

4. 计算如图 8-19 所示各个结点的 PageRank 值,并分析结果。

参 考 文 献

[1] 丁晓渊,顾春华,王明永.基于查询日志的局部共现查询扩展[J].计算机应用与软件,2013,30(12):22-27.

[2] 张晓娟,彭琳,李倩.查询推荐研究综述[J].情报学报,2019,38(04):432-446.

[3] 耿爽,杨辰,牛奔等.面向企业信息检索的语义扩展查询方法[J].情报学报,2019,38(07):742-749.

[4] 李亚楠,王斌,李锦涛.搜索引擎查询推荐技术综述[J].中文信息学报,2010,24(06):75-84.

[5] JONES K S. Automatic summarizing: factors immarizing: factors and directions[J]. Advances in Automatic Text Summarization,1999:1.

[6] 马红.搜索引擎的评价体系研究[J].农业图书情报学刊,2008(02):96-98+122.

[7] 张俊林.这就是搜索引擎:核心技术详解[M].北京:电子工业出版社,2012.

[8] LEMPEL R,MORAN S. SALSA:The stochastic approach for link-structure analysis[J]. ACM Transactions on Information Systems (TOIS),2001,19(2):131-160.

[9] BHARAT K,MIHAILA G A. Hilltop:A search engine based on expert documents [C]// Proceedings of the 9th International WWW Conference (Poster). 2000,10.

[10] CHELLAPILLA K,MAYKOV A. A taxonomy of JavaScript redirection spam[C]//Proceedings of the 3rd International Workshop on Adversarial Information Retrieval on the Web. 2007:81-88.

[11] 上野宣. 于均良. 图解 HTTP[M]. 北京:人民邮电出版社,2014.

[12] 刘凡平. 大数据搜索引擎原理分析[M]. 北京:电子工业出版社,2019.

[13] CROFT W B. 搜索引擎:信息检索实践[M]. 北京:机械工业出版社,2010.

[14] BÜTTCHER S. 信息检索:实现和评价搜索引擎[M]. 陈健,黄晋,等译. 北京:机械工业出版社,2012.